Évaluer les niveaux nationaux de performance dans l'éducation

Évaluations nationales des acquis scolaires

VOLUME 1

Évaluer les niveaux nationaux de performance dans l'éducation

Vincent Greaney
Thomas Kellaghan

GROUPE DE LA BANQUE MONDIALE

© 2015 Banque internationale pour la reconstruction et le développement/La Banque mondiale
1818 H Street NW, Washington, DC 20433
Téléphone : 202-473-1000 ; Internet : www.worldbank.org

Certains droits réservés

La publication originale de cet ouvrage est en anglais sous le titre, *Assessing National Achievement Levels in Education*. Vol. 1 of *National Assessments of Educational Achievement*, en 2008. En cas de contradictions, la langue originelle prévaudra.

Cet ouvrage a été établi par les services de la Banque mondiale avec la contribution de collaborateurs extérieurs. Les observations, interprétations et opinions qui y sont exprimées ne reflètent pas nécessairement les vues de la Banque mondiale, de son Conseil des Administrateurs ou des pays que ceux-ci représentent. La Banque mondiale ne garantit pas l'exactitude des données citées dans cet ouvrage. Les frontières, les couleurs, les dénominations et toute autre information figurant sur les cartes du présent ouvrage n'impliquent de la part de la Banque mondiale aucun jugement quant au statut juridique d'un territoire quelconque et ne signifient nullement que l'institution reconnaît ou accepte ces frontières.

Rien de ce qui figure dans le présent ouvrage ne constitue ni ne peut être considéré comme une limitation des privilèges et immunités de la Banque mondiale, ni comme une renonciation à ces privilèges et immunités, qui sont expressément réservés.

Droits et autorisations

L'utilisation de cet ouvrage est soumise aux conditions de la licence Creative Commons Attribution 3.0 IGO (CC BY 3.0 IGO) http://creativecommons.org/licenses/by/3.0/igo/ Conformément aux termes de la licence Creative Commons Attribution (paternité), il est possible de copier, distribuer, transmettre et adapter le contenu de l'ouvrage, notamment à des fins commerciales, sous réserve du respect des conditions suivantes :

Mention de la source — L'ouvrage doit être cité de la manière suivante : Greaney, Vincent, et Thomas Kellaghan. 2015. *Évaluations nationales des acquis scolaires*. Volume 1 : *Évaluer les niveaux nationaux de performance dans l'éducation*. Washington, DC : La Banque mondiale. DOI : 10.1596/978-1-4648-0512-7 Licence : Creative Commons Attribution CC BY 3.0 IGO

Traductions — Si une traduction de cet ouvrage est produite, veuillez ajouter à la mention de la source de l'ouvrage le déni de responsabilité suivant : *Cette traduction n'a pas été réalisée par la Banque mondiale et ne doit pas être considérée comme une traduction officielle de cette dernière. La Banque mondiale ne saurait être tenue responsable du contenu de la traduction ni des erreurs qu'elle pourrait contenir.*

Adaptations — Si une adaptation de cet ouvrage est produite, veuillez ajouter à la mention de la source le déni de responsabilité suivant : *Cet ouvrage est une adaptation d'une oeuvre originale de la Banque mondiale. Les idées et opinions exprimées dans cette adaptation n'engagent que l'auteur ou les auteurs de l'adaptation et ne sont pas validées par la Banque mondiale.*

Contenu tiers — La Banque mondiale n'est pas nécessairement propriétaire de chaque composante du contenu de cet ouvrage. Elle ne garantit donc pas que l'utilisation d'une composante ou d'une partie quelconque du contenu de l'ouvrage ne porte pas atteinte aux droits des tierces parties concernées. L'utilisateur du contenu assume seul le risque de réclamations ou de plaintes pour violation desdits droits. Pour réutiliser une composante de cet ouvrage, il vous appartient de juger si une autorisation est requise et de l'obtenir le cas échéant auprès du détenteur des droits d'auteur. Parmi les composantes, on citera, à titre d'exemple, les tableaux, les graphiques et les images.

Pour tous renseignements sur les droits et licences doivent être adressées à World Bank Publications, The World Bank, 1818 H Street, NW Washington, DC, 20433, USA ; télécopie : 202-522-2625 ; courriel : pubrights@worldbank.org.

ISBN (imprimé) : 978-1-4648-0512-7
ISBN (digital) : 978-1-4648-0513-4
DOI : 10.1596/978-1-4648-0512-7

Conception de la page de couverture : Naylor Design, Washington DC

TABLE DES MATIÈRES

PRÉFACE	xi
REMERCIEMENTS	xiii
ABRÉVIATIONS	xv
1. INTRODUCTION	1
2. ÉVALUATIONS NATIONALES DE LA PERFORMANCE DES ÉLÈVES	9
Quels sont les principaux éléments d'une évaluation nationale ?	14
En quoi une évaluation nationale diffère-t-elle des examens publics ?	17
3. POURQUOI RÉALISER UNE ÉVALUATION NATIONALE ?	21
4. DÉCISIONS À PRENDRE DANS LES ÉVALUATIONS NATIONALES	27
Qui oriente les politiques dans une évaluation nationale ?	27
Qui effectue l'évaluation nationale ?	29
Qui administre les épreuves et les questionnaires ?	34
Quelle est la population évaluée ?	35

Evalue-t-on toute la population ou un échantillon ? ... 37
Quels sont les éléments évalués ? ... 39
Comment la performance est-elle évaluée ? ... 44
À quelle fréquence les évaluations sont-elles effectuées ? ... 49
Comment exprimer la performance des élèves ? ... 49
Quels sont les types d'analyses effectués ? ... 52
Comment les résultats d'une évaluation nationale sont-ils communiqués et utilisés ? ... 53
Quels sont les éléments de coût d'une évaluation nationale ? ... 55
Résumé des décisions ... 59

5. **ÉLÉMENTS À PRENDRE EN COMPTE DANS LA CONCEPTION, LA MISE EN ŒUVRE, L'ANALYSE, LA PRODUCTION DES RAPPORTS ET L'UTILISATION D'UNE ÉVALUATION NATIONALE** ... 61
Conception ... 62
Mise en oeuvre ... 63
Analyse ... 65
Production des rapports ... 68
Diffusion et utilisation des résultats ... 69

6. **ÉVALUATIONS INTERNATIONALES DE LA PERFORMANCE DES ÉLÈVES** ... 71
Accroissement de l'activité d'évaluation internationale ... 73
Avantages des évaluations internationales ... 76
Problèmes liés aux évaluations internationales ... 81

7. **CONCLUSION** ... 87

ANNEXES ... 95

A. **ÉTUDES DE CAS DE DIFFÉRENTS PAYS** ... 95
A.1. Inde ... 95
A.2. Vietnam ... 97
A.3. Uruguay ... 100
A.4. Afrique du Sud ... 103
A.5. Sri Lanka ... 106
A.6. Népal ... 108
A.7. Chili ... 111

A.8. États-Unis	114
A.9. Ouganda	116

B. ÉTUDES INTERNATIONALES — **121**

B.1. Tendance de l'enquête internationale sur les mathématiques et les sciences — 121
B.2. Programme international de recherche en lecture scolaire — 127
B.3. Programme international pour le suivi des acquis des élèves — 132

C. ÉTUDES RÉGIONALES — **141**

C.1. Consortium de l'Afrique australe et orientale pour le pilotage de la qualité de l'éducation — 141
C.2. Programme d'analyse des systèmes éducatifs de la CONFEMEN — 150
C.3. Laboratorio Latinoamericano de Evaluación de la Calidad de la Educación — 154

RÉFÉRENCES — **161**

ENCADRÉS

2.1	Éthiopie : Objectifs de l'évaluation nationale	13
2.2	Exemple de questions traitées par l'évaluation nationale du Vietnam	13
2.3	Principaux éléments d'une évaluation nationale	14
4.1	Membres proposés pour le CDN en Sierra Leone	28
4.2	Exemples de questions à choix multiple	46
4.3	Exemples de questions ouvertes	47
6.1	Expérience de l'Afrique du Sud en matière d'évaluations internationales	86

FIGURES

3.1	Écart de performance des élèves de neuf ans aux États-Unis : Évaluation de la performance en compréhension de l'écrit, NAEP, 1971 à 1999	23
3.2	Pourcentage des élèves de quatrième année ayant atteint un niveau égal ou supérieur à « Compétent » en compréhension de l'écrit, NAEP 1992-2003	24

4.1	Pourcentage moyen de scores corrects pour la performance des élèves en mathématiques, par domaine de contenu, Lesotho	51
A.9.1	Distribution des scores à l'épreuve de littératie pour la 6e année en Ouganda	119
B.3.1	Exemple d'items de mathématiques du PISA	134
B.3.2	Scores moyens et scores des sous-échelles de compréhension de l'écrit aux épreuves PISA, 2000	136
B.3.3	Niveaux de compétence des élèves en mathématiques aux épreuves PISA	137
B.3.4	Pourcentage des élèves à chaque niveau de compétence de l'échelle de culture mathématique du PISA	138
B.3.5	Pourcentage des élèves à chaque niveau de compétence de l'échelle de compréhension de l'écrit du PISA	139
C.1.1	Pourcentage des élèves de 6e année ayant atteint les niveaux de compétence SACMEQ en compréhension de l'écrit, 1995-1998	148
C.1.2	Évolution des performances en littératie entre les épreuves SACMEQ I et SACMEQ II	149
C.2.1	Pourcentage des élèves de 5e année ayant une faible performance, PASEC, 1996-2001	154
C.3.1	Gradients socioéconomiques pour 11 pays d'Amérique latine, LLECE	159

TABLEAUX

2.1	Différences entre les évaluations nationales et les examens publics	18
4.1	Options pour la mise en œuvre d'une évaluation nationale	30
4.2	Avantages et inconvénients d'une évaluation basée sur un recensement pour la responsabilisation des établissements	39
4.3	Processus de compréhension de l'écrit dans le PIRLS	42
4.4	Pourcentage d'atteinte du niveau « adéquat » ou « avancé » par année d'études, Connecticut, 2006	52
4.5	Organismes ayant la responsabilité principale des décisions dans une évaluation nationale	58
6.1	Comparaison des enquêtes TIMSS et PISA	74
6.2	Pourcentage des élèves de 8e année ayant atteint les niveaux TIMSS internationaux en mathématiques : Pays ayant obtenu des scores élevé et faible	84

A.2.1	Pourcentages et écarts types des élèves de différents niveaux de compétence en lecture	99
A.2.2	Relation entre des variables des enseignants sélectionnées et la performance en mathématiques	100
A.5.1	Données et source contextuelles dans l'évaluation nationale sri lankaise	107
A.5.2	Pourcentage des élèves ayant atteint le niveau de maîtrise en première langue, par province	109
A.7.1	Indice des prix d'excellence pour les écoles du Chili, 1998-1999	113
A.9.1	Pourcentages des élèves ougandais de 3e année jugés compétents en littératie anglaise, 2005	118
B.1.1	Pourcentages cibles des épreuves de mathématiques de l'enquête TIMSS 2007 attribués aux domaines de contenus et cognitifs, 4e et 8e années	124
B.1.2	Distribution de la performance en mathématiques de l'enquête TIMSS, 8e année	126
B.2.1	Pourcentage des élèves dans les catégories de performance PIRLS en compréhension de l'écrit, 4e année	131
C.3.1	Pourcentage des élèves ayant atteint les différents niveaux de performance en langue, par type d'établissement et situation géographique, LLECE, 1997	157
C.3.2	Pourcentage des élèves ayant atteint chaque niveau de performance en mathématiques, par type d'établissement et situation géographique, LLECE, 1997	158

PRÉFACE

Dans un discours prononcé à l'occasion des 100 premiers jours de son mandat de président du Groupe de la Banque mondiale, Robert Zoellick a présenté six thèmes stratégiques devant guider la Banque dans son travail de promotion d'une mondialisation inclusive et durable. L'un d'eux concernait le rôle de la Banque en tant qu'organisme « d'une nature unique et particulière, en ce sens que c'est une banque du savoir, une institution qui ne cesse d'apprendre (…) un centre de réflexion sur des données d'expérience d'ordre pratique ». Il a souligné le fait que ce rôle exige de la Banque qu'elle cherche « de façon continue et rigoureuse à tendre vers des résultats et à juger de l'efficacité de l'action menée ».

Ce défi est encore plus important dans l'éducation, où le vaste corpus d'éléments empiriques reliant l'éducation à la croissance économique indique que des taux accrus de scolarisation et d'achèvement des études sont nécessaires, mais pas suffisants pour lutter contre la pauvreté. En revanche, de meilleurs résultats de l'apprentissage (sous la forme de connaissances et compétences cognitives accrues des élèves) sont essentiels pour réduire la pauvreté et améliorer la compétitivité économique (et seront cruciaux pour le maintien des progrès réalisés à ce jour dans l'accès à l'éducation). En d'autres termes, la puissance de l'éducation ne peut s'exercer pleinement sur la croissance économique que si l'offre éducative est de grande qualité et si les connaissances et les compétences cognitives des élèves sont développées.

Les données probantes disponibles indiquent que dans les pays en développement, la qualité des résultats de l'apprentissage est très médiocre. En même temps, ces pays sont peu nombreux à suivre systématiquement ces résultats, en réalisant leurs propres évaluations de la performance des élèves ou en participant à des évaluations régionales ou internationales. Le manque d'information régulière au niveau du système sur l'apprentissage des élèves rend difficile la mesure des niveaux généraux d'acquis, l'évaluation de la performance relative de sous-groupes particuliers, et le suivi de l'évolution de la performance dans le temps. Cela complique également la détermination de l'efficacité des politiques publiques conçues pour améliorer les résultats dans ces domaines et dans d'autres.

Il s'agit d'une question fondamentale pour la Banque et ses pays clients, dans la mesure où l'accent se déplace de l'accès vers la performance. C'est également un domaine où les outils et les ressources adaptés aux besoins des pays en développement manquent cruellement. Cette série de volumes, publiés sous la direction de Vincent Greaney et Thomas Kellaghan, contribue de manière significative à combler cette lacune. La série est conçue pour traiter de nombreuses questions liées au fait d'accorder aux résultats de l'apprentissage une place plus centrale dans les objectifs éducatifs des pays à faible revenu. Elle aidera les pays à renforcer leur capacité à mesurer les niveaux nationaux d'apprentissage des élèves d'une manière plus valable, durable et systématique. On peut espérer que cette capacité se traduira par l'élaboration de politiques fondées sur des données probantes qui conduiront à une amélioration visible de la qualité de l'apprentissage des élèves. Il s'agit d'une composante cruciale qui permettra à l'éducation de tenir sa promesse de dynamiser les économies.

Marguerite Clarke
Spécialiste senior de l'éducation à la Banque mondiale

REMERCIEMENTS

Cette série de volumes a été préparée par une équipe dirigée par Vincent Greaney (consultant, Réseau pour le développement humain, Groupe pour l'éducation, Banque mondiale) et Thomas Kellaghan (*Educational Research Centre, St. Patrick's College*, Dublin).

D'autres personnes y ont collaboré, notamment Sylvia Acana (*Uganda National Examinations Board*), Prue Anderson (*Australian Council for Educational Research*), Fernando Cartwright (Conseil canadien sur l'apprentissage), Jean Dumais (*Statistics Canada*), Chris Freeman (*Australian Council for Educational Research*), Hew Gough (*Statistics Canada*), Sara Howie (Université de Pretoria), George Morgan (*Australian Council for Educational Research*), T. Scott Murray (*DataAngel Policy Research*) et Gerry Shiel (*Educational Research Centre*, St. Patrick's College, Dublin).

Le travail a été réalisé sous la direction générale de Ruth Kagia, directrice du Secteur de l'Éducation à la Banque mondiale, et de Robin Horn, responsable du Secteur de l'Éducation. Robert Prouty a lancé et supervisé le projet jusqu'en août 2007. Marguerite Clarke a supervisé les étapes ultérieures de révision et de publication. Nous remercions le comité de révision pour ses contributions : Al Beaton (*Boston College*), Irwin Kirsch (*Educational Testing Service*), et Benoît Millot (Banque mondiale).

Des commentaires supplémentaires ont été fournis par les pairs évaluateurs de la Banque mondiale, notamment Carlos Rojas,

Eduardo Velez, Elizabeth King, Harry Patrinos, Helen Abadzi, Jee-Peng Tan, Marguerite Clarke, Maureen Lewis, Raisa Venalainen, Regina Bendokat, Robert Prouty et Robin Horn.

Nous tenons à remercier tout particulièrement Aidan Mulkeen et Sarah Plouffe. Nous avons bénéficié du précieux appui de Cynthia Guttman, Matseko Ramokoena, Aleksandra Sawicka, Pam Spagnoli, Beata Thorstensen, Myriam Waiser, Peter Winograd et Hans Wagemaker. Notre reconnaissance va également à Patricia Arregui, Harsha Aturupane, Luis Benveniste, Jean-Marc Bernard, Carly Cheevers, Zewdu Gebrekidan, Venita Kaul, Pedro Ravela et Kin Bing Wu.

Nous souhaitons remercier les institutions suivantes pour nous avoir accordé l'autorisation de reproduire leur matériel : le Conseil des examens du Lesotho (*Examinations Council of Lesotho*), l'Association internationale pour l'évaluation du rendement scolaire, le *National Center for Education Statistics* du Département de l'Éducation des États-Unis, l'Organisation de coopération et de développement économiques, et le Département de l'Éducation de Papouasie-Nouvelle-Guinée.

Hilary Walshe a aidé à préparer le manuscrit. La conception graphique, l'édition et la production ont été coordonnées par Mary Fisk et Paola Scalabrin, du Service des publications de la Banque mondiale.

Le Fonds fiduciaire irlandais pour l'éducation, le Programme du partenariat entre la Banque mondiale et les Pays-Bas, l'*Educational Research Centre* de Dublin, et l'*Australian Council for Educational Research* ont généreusement soutenu la préparation et la publication de cette série.

ABRÉVIATIONS

AT	Assistance technique
CDN	Comité directeur national
CONFEMEN	Conférence des ministres de l'Éducation des États et gouvernements de la Francophonie (aussi appelée Conférence des ministres de l'Éducation des pays ayant le français en partage)
DiNIECE	*Dirección Nacional de Información y Evaluación de la Calidad Educativa* (Argentine)
EPT	Éducation pour tous
IEA	Association internationale pour l'évaluation du rendement scolaire (*International Association for the Evaluation of Educational Achievement*)
IIEP	Institut international de planification de l'éducation (*International Institute for Educational Planning*)
LLECE	*Laboratorio Latinoamericano de Evaluación de la Calidad de la Educación*
ME	Ministère de l'Éducation
MESyFOD	*Modernización de la Educación Secundaria y Formación Docente* (Uruguay)
NAEP	*National Assessment of Educational Progress* (l'évaluation nationale des progrès de l'éducation – États-Unis)
NAPE	*National Assessment of Progress in Education* (Ouganda)
OCDE	Organisation de coopération et de développement économiques

PASEC	Programme d'analyse des systèmes éducatifs de la CONFEMEN
PIRLS	Programme international de recherche en lecture scolaire
PISA	Programme international pour le suivi des acquis des élèves
SACMEQ	Consortium de l'Afrique australe et orientale pour le pilotage de la qualité de l'éducation (*Southern and Eastern Africa Consortium for Monitoring Educational Quality*)
SIMCE	Sistema de Medición de la Calidad de la Educación (Chili)
SNED	Sytème national d'évaluation de la performance des enseignants dans les écoles soutenues par l'État (Chili)
SSA	*Sarva Shiksha Abhiyan* (Inde)
TIMSS	Tendances de l'enquête internationale sur les mathématiques et les sciences (*Trends in International Mathematics and Science Study*)
UMRE	*Unidad de Medición de Resultados Educativos* (Uruguay)
UNEB	*Uganda National Examinations Board*
UNESCO	Organisation des Nations Unies pour l'éducation, la science et la culture (*United Nations Educational, Scientific and Cultural Organization*)

CHAPITRE  INTRODUCTION

Dans ce volume d'introduction, nous décrivons les principales caractéristiques des évaluations nationales et internationales, devenues dans les années 1990 et 2000 des outils extrêmement populaires de détermination de la qualité de l'éducation. Cet accroissement de popularité reflète deux évolutions importantes : premièrement, la mondialisation et l'intérêt croissants pour les mandats internationaux, notamment l'initiative Éducation pour tous (UNESCO, 2000) ; et deuxièmement, le déplacement général de l'intérêt vers l'évaluation de la qualité de l'éducation, avec une préoccupation moindre pour les intrants (tels que les taux de participation des élèves, les installations physiques, le matériel pédagogique et la formation des enseignants) et une plus grande importance accordée aux résultats (tels que les connaissances et les compétences acquises par les élèves durant leur scolarité) (Kellaghan et Greaney, 2001b). Cet accent sur les résultats peut, à son tour, être considéré comme l'expression d'un souci de développement du capital humain lié à la conviction que, dans la mesure où la connaissance remplace progressivement les matières premières et la main-d'œuvre en tant que ressource clé du développement économique, la disponibilité de savoirs et savoir-faire humains est cruciale pour déterminer le taux de développement économique d'un pays et sa compétitivité sur le marché international (Kellaghan et Greaney, 2001a). La réponse à cette préoccupation a nécessité de l'information sur la performance des systèmes éducatifs, qui à son tour, a impliqué un passage de l'utilisation traditionnelle de tests de performance conçus pour évaluer individuellement les élèves, à une utilisation visant à obtenir de l'information sur les performances de l'ensemble du système éducatif (ou d'une partie clairement définie de celui-ci).

Le développement d'une capacité nationale d'évaluation a permis aux ministères de l'Éducation (dans le cadre de leur fonction de gestion) de décrire les niveaux nationaux des acquis des élèves dans les principales disciplines et de comparer ceux des principaux sous-groupes (tels que les garçons et les filles, les groupes ethniques, les élèves des milieux urbains et ruraux, et ceux des établissements publics et privés). Cela leur a également fourni des données probantes pour confirmer ou réfuter les affirmations d'amélioration ou de dégradation des normes de performance des élèves dans le temps.

En dépit de l'accroissement de l'activité nationale et internationale d'évaluation, à de nombreux endroits, la valeur potentielle des données fournies par les évaluations est encore mal reconnue, et les compétences requises pour mener une évaluation techniquement solide continuent à manquer. Lorsque les pays réalisent une évaluation nationale ou participent à une évaluation internationale, l'information ainsi recueillie n'est pas souvent complètement exploitée. Il y a à cela plusieurs raisons : les décideurs peuvent n'avoir été impliqués dans l'évaluation que de manière périphérique et ne pas s'être véritablement engagés envers elle ; les résultats des analyses peuvent ne pas leur avoir été communiqués sous une forme compréhensible ; ou ils peuvent ne pas avoir pleinement apprécié les implications des conclusions pour les politiques sociales en général ou la politique éducative, en particulier en ce qui concerne l'exécution des programmes de cours, l'allocation des ressources, les pratiques pédagogiques et l'évolution professionnelle des enseignants.

Cette série de volumes vise à aborder ces questions en faisant découvrir aux lecteurs la technologie complexe qui s'est développée autour de l'administration des évaluations nationales et internationales. Ce volume d'introduction décrit les concepts et les procédures clés de l'évaluation nationale. Il s'adresse principalement aux responsables des politiques et aux décideurs en matière d'éducation. Les objectifs et les principales caractéristiques des *évaluations nationales* sont décrits au chapitre 2 (voir également l'annexe A). Les raisons d'effectuer une évaluation nationale sont évoquées au chapitre 3, et les principales décisions à prendre lors de la conception et de la planification d'une évaluation sont abordées au chapitre 4. Les questions ainsi que les erreurs les plus fréquentes à garder en mémoire pendant la conception, la mise en œuvre, l'analyse, la production des rapports et l'utilisation d'une évaluation nationale sont identifiées dans le chapitre 5. Le chapitre 6 décrit les *évaluations internationales* de la performance des élèves, qui partagent avec les évaluations nationales de nombreuses caractéristiques procédurales (telles que l'échantillonnage, l'administration, les données de contexte collectées et les méthodes d'analyse – voir l'annexe B).

La principale différence entre les évaluations nationales et internationales souligne un point fort et un point faible de l'évaluation internationale. Le point fort est que les données recueillies par une évaluation internationale dans un certain nombre de pays permettent à chacun d'eux de comparer les résultats de ses élèves avec ceux des élèves d'autres pays. Le point faible est que les instruments de test devant être acceptables dans tous les pays participants, ils peuvent ne pas refléter avec précision l'éventail des performances des élèves de chacun des pays.

Une autre caractéristique des évaluations internationales est que de nombreux pays participants effectuent des analyses internes fondées sur les données collectées chez eux. Les données recueillies lors de l'étude internationale peuvent donc être utilisées pour ce qui est, de fait, une évaluation nationale. Cette pratique n'est toutefois pas dénuée de problèmes, et les données ainsi collectées peuvent être moins appropriées pour les politiques que celles recueillies expressément par une évaluation nationale.

L'étude régionale constitue une formule intermédiaire entre les évaluations nationales dans les pays individuels et les études internationales à grande échelle portant sur le monde entier. Les pays d'une région donnée qui y collaborent sont susceptibles de partager de nombreuses caractéristiques socioéconomiques et culturelles (voir l'annexe C).

L'évaluation infranationale est une autre variante, dans laquelle l'évaluation est limitée à une région (une province ou un État) au sein d'un pays. Des évaluations infranationales ont été réalisées dans un certain nombre de grands pays (tels que l'Argentine, le Brésil et les États-Unis) pour répondre aux besoins d'information locaux ou régionaux. Ces exercices sont relativement indépendants, et la différence avec les évaluations nationales est que les participants n'étant pas soumis aux mêmes instruments et procédures dans toutes les régions du pays, la comparaison directe de la performance des élèves n'est donc pas possible entre les régions.

Quelques conclusions générales sont présentées dans le dernier chapitre de ce volume, accompagnées de considérations liées au renforcement et à l'institutionnalisation de la capacité nationale d'évaluation, ainsi qu'à l'utilisation optimale des conclusions de l'évaluation. À la fin du volume, les principales caractéristiques des évaluations nationales sont décrites pour neuf pays (annexe A) et sont suivies par la description de trois études internationales (annexe B) et de trois études régionales (annexe C).

Les volumes suivants de cette série fournissent des détails sur la conception et la mise en œuvre d'une évaluation nationale. Les volumes sont conçus pour fournir aux personnes directement impliquées, une introduction (ainsi que les compétences de base associées) aux aspects techniques clés des tâches d'élaboration des tests et questionnaires, et de collecte, analyse ou description des données dans une évaluation nationale.

Le deuxième volume, *Mettre au point les tests et questionnaires pour une évaluation nationale des acquis scolaires*, comprend des sections sur la constitution a) de tests de performance, b) de questionnaires, et c) de manuels d'administration. La première section traite de la conception des tests de performance et du rôle qu'y jouent un cadre et un plan détaillé des épreuves ou une grille de spécifications. Elle décrit le processus de rédaction des items et donne des exemples de divers types de questions, notamment à choix multiple, à réponse courte et ouvertes. Elle décrit également le processus d'examen des questions ou de constitution d'un jury, un exercice essentiel pour garantir la validité du contenu des épreuves. Elle comprend des directives pour la réalisation de prétests, la sélection des questions de l'épreuve finale et la production de la version définitive de l'épreuve. La section se termine en abordant brièvement la question de la formation des correcteurs ou évaluateurs et de la notation manuelle des items. La deuxième section décrit les étapes de la mise au point des questionnaires : conception d'un questionnaire, rédaction des questions, notation et codage des réponses, et association des données issues du questionnaire et des scores des élèves. La section finale décrit la conception et le contenu d'un manuel d'administration ainsi que la sélection et le rôle de l'administrateur de l'épreuve. Ce volume est accompagné d'un CD contenant des items des épreuves et questionnaires extraits d'évaluations nationales et internationales, ainsi qu'un manuel d'administration des épreuves.

Mettre en œuvre une évaluation nationale des acquis scolaires, le troisième volume de la série, comprend également trois sections. La première concerne les questions pratiques à considérer lors de la mise en œuvre d'un programme d'évaluation nationale à grande échelle. Elle aborde la planification, la budgétisation, le recrutement, l'organisation des installations et de l'équipement, la prise de contact avec les établissements, la sélection des administrateurs de l'épreuve, l'emballage et l'expédition, et la garantie de la sécurité de l'épreuve. Cette section aborde également les aspects logistiques de la notation des épreuves, du nettoyage des données et de la rédaction des rapports. La deuxième section guide pas à pas les équipes d'évaluation dans la création d'un échantillon national approprié. Elle est accompagnée d'un CD contenant un logiciel d'échantillonnage et un ensemble de données d'entraînement à utiliser en conjonction avec le guide. Les sujets traités sont la définition de la population à évaluer, la création d'un cadre d'échantillonnage, le calcul d'une taille d'échantillon appropriée, l'échantillonnage avec une probabilité proportionnelle à la taille, et la réalisation d'un échantillonnage à plusieurs degrés. Le nettoyage et la gestion des données sont abordés dans la section finale. Celle-ci est également complétée par un CD contenant des exercices guidant pas à pas les utilisateurs dans la préparation des données de l'évaluation nationale pour l'analyse. Y sont décrites des procédures de vérification et de validation des données, y compris des codes erronés et des contrôles de cohérence au sein d'un fichier et entre les fichiers.

Analyser les données issues d'une évaluation nationale des acquis scolaires, le quatrième volume, est complété par deux CD permettant aux utilisateurs d'appliquer des procédures statistiques aux ensembles de données et de vérifier leurs niveaux de maîtrise par rapport aux solutions présentées dans des captures d'écran au sein du texte. La première moitié du volume traite de la génération des données de niveau item à l'aide des approches à la fois de test classique et de la théorie de la réponse à l'item (TRI). Les sujets abordés comprennent l'analyse des items des épreuves pilotes et définitives, le suivi de l'évolution de la performance dans le temps, la construction d'une épreuve à partir d'items précédemment créés, la mise en correspondance et la détermination de niveaux de performance ou de compétence. La seconde moitié du volume est conçue pour aider les utilisateurs à effectuer une analyse basique des résultats de l'évaluation nationale. Elle comprend des sections sur les mesures de la tendance centrale et de la dispersion, les différences de score moyen, l'identification des élèves très ou peu performants, la corrélation, la régression et la représentation visuelle des données.

Communiquer et utiliser les résultats d'une évaluation nationale des acquis scolaires, le dernier volume de la série, se concentre sur la rédaction des rapports en vue d'influencer les politiques. Il présente une méthodologie destinée à la conception d'une stratégie de diffusion et de communication pour un programme d'évaluation nationale. Il décrit également la préparation d'un rapport technique, de communiqués de presse, de briefings des décideurs clés et de rapports pour les enseignants et d'autres groupes de spécialistes. La seconde section du volume met en évidence les façons dont les pays ont effectivement utilisé les résultats des évaluations nationales pour l'élaboration des politiques, la réforme des programmes scolaires, l'allocation des ressources, la formation des enseignants, la redevabilité, ainsi que le suivi dans le temps de l'évolution de la performance et d'autres variables.

Les personnes qui étudieront le contenu de ces volumes et feront les exercices proposés acquerront les compétences de base requises pour une évaluation nationale. Elles doivent toutefois garder trois éléments à l'esprit. Premièrement, elles ne doivent pas s'attendre à ce que les formules ou algorithmes simples fournis par la série soient des recettes à appliquer mécaniquement, mais être prêtes à faire preuve de jugement à différents moments de l'évaluation nationale (par exemple, lors de la sélection du contenu des épreuves, de l'échantillonnage et de l'analyse). Dans ces domaines, le jugement s'améliorera avec l'expérience. Deuxièmement, les utilisateurs peuvent, à l'occasion, souhaiter demander conseil à des praticiens plus expérimentés pour exercer leur jugement. Troisièmement, les utilisateurs doivent être prêts à s'adapter à l'évolution des connaissances et de la technologie qui se produira inévitablement dans les années à venir.

CHAPITRE  ÉVALUATIONS NATIONALES DE LA PERFORMANCE DES ÉLÈVES

Nous entamons ce chapitre par la définition d'une évaluation nationale et l'énumération des questions auxquelles une évaluation nationale devrait répondre. Nous présentons ensuite une liste des principaux éléments d'une évaluation nationale. Nous examinons enfin les différences entre une évaluation nationale et les examens publics.

Une évaluation nationale est conçue pour décrire la performance des élèves dans un domaine du programme de cours et l'agréger afin d'obtenir une estimation du niveau de performance dans l'ensemble du système éducatif à un âge ou dans une année d'études donnés. Elle fournit des données pour une sorte d'audit de l'éducation nationale réalisé dans le but d'informer les responsables des politiques sur les aspects clés du système. Normalement, elle implique l'administration à un échantillon ou à une population d'élèves, de tests de performance généralement centrés sur un secteur particulier du système (par exemple, les élèves de cinquième année ou de 13 ans). Les enseignants et d'autres acteurs (par exemple, les parents, les directeurs d'école et les élèves) peuvent être invités à fournir, généralement à l'aide de questionnaires, des informations contextuelles qui, lorsqu'elles sont reliées à la performance des élèves, peuvent fournir des indications sur la façon dont celle-ci est liée à des facteurs tels que les caractéristiques du ménage, les niveaux de formation des enseignants, leur attitude envers les matières du programme de cours, leurs connaissances, et la disponibilité du matériel pédagogique et didactique.

Les systèmes d'évaluation nationale existant dans diverses parties du monde ont tendance à présenter des caractéristiques communes. Tous comprennent une évaluation des aptitudes linguistiques des élèves ou littératie ainsi que de leurs aptitudes en mathématiques ou numératie. Certains systèmes évaluent la performance des élèves dans une deuxième langue, en sciences, art, musique ou sciences sociales. La quasi-totalité des systèmes d'évaluation nationale évaluent les élèves du primaire. Dans de nombreux systèmes, des évaluations nationales sont également effectuées dans l'enseignement secondaire, généralement au cours de la période de scolarisation obligatoire.

Les systèmes d'évaluation nationale présentent aussi des différences d'un pays à l'autre. Premièrement, leur fréquence d'exécution diffère. Dans certains systèmes nationaux, une évaluation est réalisée chaque année, même si le domaine du programme de cours évalué varie souvent d'une année à l'autre. Dans d'autres systèmes, les évaluations sont moins fréquentes. Deuxièmement, l'organisme qui effectue l'évaluation peut être différent. Dans certains systèmes, le ministère de l'Éducation effectue l'évaluation, dans d'autres, elle est réalisée par un centre national de recherche, un consortium d'organismes éducatifs, une université ou un jury d'examen. Troisièmement, la participation d'une école peut être volontaire ou obligatoire. Lorsqu'elle est volontaire, la non-participation de certains établissements va presque invariablement biaiser les résultats, qui ne refléteront pas avec exactitude les niveaux de performance du système éducatif.

La plupart des pays industrialisés disposent depuis un certain temps de systèmes d'évaluation nationale, mais ce n'est que depuis les années 1990 que la capacité d'administrer des évaluations s'est étendue à d'autres parties du monde. Par exemple, la réalisation d'évaluations nationales a connu un développement rapide dans les pays d'Amérique latine et des Caraïbes dans les années 1990, souvent pour fournir des données de référence aux réformes de l'éducation (Rojas et Esquivel, 1998). Dans la foulée de la Déclaration de Jomtien (*Déclaration mondiale sur l'Éducation pour tous, 1990*), le centre d'intérêt de l'évaluation de la qualité de l'enseignement est passé des intrants scolaires aux résultats. L'Article 4 de la Déclaration de Jomtien affirme que l'éducation fondamentale doit être axée « sur l'acquisition effective et les résultats de l'apprentissage, et non pas sur le seul fait de s'inscrire à une formation, de la suivre jusqu'à son terme et d'obtenir le certificat qui la sanctionne » (*Déclaration mondiale sur l'Éducation pour tous, 1990*, 5). Plus récemment, le Cadre d'action de Dakar (UNESCO, 2000), publié 10 ans après Jomtien, a une nouvelle fois souligné l'importance des résultats de l'apprentissage. L'un des sept objectifs fixés pour 2015 était d'améliorer « sous tous ses aspects la qualité de l'éducation [...] de façon à obtenir pour tous des résultats d'apprentissage reconnus et quantifiables, notamment en ce qui concerne la lecture, l'écriture, le calcul et les compétences indispensables dans la vie courante » (UNESCO, 2000, 7, iv).

Ces déclarations impliquent que, pour les pays qui se sont engagés à atteindre les objectifs de l'Éducation pour tous (EPT), les efforts pour améliorer la qualité de l'éducation devront être accompagnés de procédures fournissant des informations sur l'apprentissage des élèves. Les États et les bailleurs de fonds ont par conséquent fortement accru leur appui au suivi de la performance des élèves à travers des évaluations nationales. L'hypothèse fréquemment avancée est que non seulement les évaluations nationales fournissent de l'information sur l'état de l'éducation, mais que l'utilisation de cette information devrait conduire à une amélioration de la performance des élèves. Il reste à vérifier si cette amélioration a effectivement lieu. Jusqu'ici, l'espoir que l'EPT et le suivi régulier des niveaux de performance conduisent à une amélioration des normes d'apprentissage ne semble pas s'être concrétisé (Postlethwaite, 2004). Ce résultat peut être dû au fait que – bien que l'EPT ait conduit à une augmentation rapide du nombre des enfants scolarisés – l'augmentation des effectifs n'a pas été accompagnée d'un accroissement des ressources (en particulier des enseignants formés). En outre, l'information tirée des évaluations est souvent de piètre qualité, et même lorsque ce n'est pas le cas, elle n'est pas systématiquement considérée dans la prise de décision.

Toutes les évaluations nationales cherchent à répondre à une ou plusieurs des questions suivantes :

- Quelle est la qualité de l'apprentissage dans le système éducatif (par rapport aux attentes générales, aux buts du programme de cours, à la préparation à une poursuite des études ou à la vie) ?
- Les données indiquent-elles des points forts et faibles particuliers dans les savoirs et savoir-faire des élèves ?
- Certains sous-groupes de la population ont-ils des performances médiocres ? Existe-t-il des disparités, par exemple, entre les acquis a) des garçons et des filles, b) des élèves des zones urbaines et rurales, c) des élèves de langues et de groupes ethniques différents, ou d) des élèves de régions différentes du pays ?
- Quels sont les facteurs associés à la performance des élèves ? Dans quelle mesure cette performance varie-t-elle selon les caractéristiques de l'environnement d'apprentissage (par exemple, les ressources scolaires, la préparation et la compétence des enseignants, et le type d'école) ou selon les conditions familiales et communautaires des élèves ?
- Les normes de l'État sont-elles respectées dans la fourniture des ressources (par exemple, les manuels, les qualifications des enseignants et d'autres intrants de la qualité) ?
- La performance des élèves varie-t-elle dans le temps ? Cette question peut présenter un intérêt particulier si des réformes du système éducatif sont en cours. Pour y répondre, des évaluations devront produire des données comparables à différents moments (Kellaghan et Greaney, 2001b, 2004).

La plupart de ces questions ont été traitées dans la conception et la mise en œuvre de l'évaluation nationale de l'Éthiopie (voir encadré 2.1).

En plus d'évaluer la performance des élèves, l'évaluation nationale du Vietnam mettait l'accent sur les intrants clés, tels que les conditions physiques dans les écoles, l'accès au matériel didactique et les qualifications des enseignants (voir encadré 2.2).

ENCADRÉ 2.1

Éthiopie : Objectifs de l'évaluation nationale

1. Déterminer le niveau de performance académique des élèves et le développement d'attitudes dans l'enseignement primaire éthiopien.
2. Analyser les différences dans la performance des élèves par région, genre, lieu et langue d'enseignement.
3. Examiner les facteurs qui influencent la performance des élèves dans l'enseignement primaire.
4. Suivre l'amélioration des acquis des élèves par rapport à la première étude de référence réalisée en 1999-2000.
5. Renforcer la capacité du système éducatif en matière d'évaluation nationale.
6. Produire des données de référence fiables pour l'avenir.
7. Formuler des recommandations pour l'élaboration de politiques visant à améliorer la qualité de l'éducation.

Source : Éthiopie, Organisation nationale des examens 2005.

ENCADRÉ 2.2

Exemple de questions traitées par l'évaluation nationale du Vietnam

Questions liées aux intrants

- Quelles sont les caractéristiques des élèves de cinquième année ?
- Quelles sont les conditions d'enseignement dans les classes de cinquième année et dans les écoles primaires ?
- Quel est l'état général des bâtiments scolaires ?

Questions liées aux normes de l'offre éducative

- Les normes du ministère sont-elles respectées en ce qui concerne
  - La taille des classes ?
  - Le mobilier des classes ?
  - Les qualifications des membres du personnel ?

Questions liées à l'équité des intrants scolaires

- Y a-t-il une équité des ressources entre les provinces et entre les établissements au sein des provinces en ce qui concerne
  - Les ressources matérielles ?
  - Les ressources humaines ?

(suite)

> **ENCADRÉ 2.2** *(suite)*
>
> Questions liées à la performance
>
> - Quel pourcentage des élèves a-t-il atteint les différents niveaux de savoir-faire en compréhension de l'écrit et en mathématiques ?
> - Quel est le niveau des enseignants de cinquième année en compréhension de l'écrit et en mathématiques ?
>
> Questions liées aux influences sur la performance
>
> - Quels sont les grands facteurs agissant sur l'écart de performance en compréhension de l'écrit et en mathématiques ?
> - Quelles sont les principales variables qui diffèrent entre les établissements les plus et les moins efficaces ?
>
> *Source :* Banque mondiale, 2004.

QUELS SONT LES PRINCIPAUX ÉLÉMENTS D'UNE ÉVALUATION NATIONALE ?

Même si la manière de mettre en œuvre des évaluations nationales varie, celles-ci présentent néanmoins un certain nombre d'éléments communs (voir l'encadré 2.3 et Kellaghan et Greaney, 2001b, 2004).

> **ENCADRÉ 2.3**
>
> **Principaux éléments d'une évaluation nationale**
>
> - Le ministère de l'Éducation désigne soit un organisme d'exécution au sein du ministère soit un organisme externe indépendant (par exemple, un département universitaire ou un organisme de recherche) et fournit le financement.
> - Le ministère de l'Éducation détermine les besoins des politiques à traiter dans l'évaluation, parfois en consultation avec les parties prenantes clés de l'enseignement (par exemple, les représentants des enseignants, les spécialistes des programmes de cours, le monde des affaires et les parents).
> - Le ministère de l'Éducation, ou un comité directeur nommé par lui identifie la population à évaluer (par exemple, les élèves de quatrième année).
> - Le ministère de l'Éducation détermine le domaine de performance à évaluer (par exemple, la littératie ou la numératie).
>
> *(suite)*

ENCADRÉ 2.3 *(suite)*

- L'organisme d'exécution définit le domaine de performance et décrit son contenu et les compétences cognitives associées.
- L'organisme d'exécution prépare les épreuves ainsi que les questionnaires à utiliser et les manuels d'administration, et il prend des mesures pour assurer leur validité.
- Les épreuves et les documents d'appui sont soumis à un test pilote par l'organisme d'exécution, puis sont examinés par le comité directeur et d'autres entités compétentes pour a) déterminer leur conformité avec le programme de cours et b) s'assurer que les items reflètent les sensibilités de genre, ethniques et culturelles.
- L'organisme d'exécution sélectionne l'échantillon cible (ou la population) d'établissements ou d'élèves, organise l'impression de la documentation et entre en communication avec les établissements sélectionnés.
- L'organisme d'exécution forme les administrateurs des épreuves (par exemple, enseignants, inspecteurs scolaires ou étudiants de troisième cycle).
- Les instruments d'enquête (épreuves et questionnaires) sont administrés dans les établissements à une date spécifiée, sous la direction générale de l'organisme d'exécution.
- L'organisme d'exécution assume la responsabilité de la collecte des instruments d'enquête, de la correction ainsi que du nettoyage et de la préparation des données pour l'analyse.
- L'organisme d'exécution vérifie la fiabilité des instruments et des procédures d'évaluation.
- L'organisme d'exécution effectue l'analyse des données.
- Les projets de rapports sont établis par l'organisme d'exécution et examinés par le comité directeur.
- Les rapports définitifs sont produits par l'organisme d'exécution et diffusés par l'autorité compétente.
- Le ministère de l'Éducation et d'autres parties prenantes concernées examinent les résultats à la lumière des besoins des politiques auxquels ils sont censés répondre et déterminent une ligne d'action appropriée.

Il ressort clairement de la liste des éléments présentés dans l'encadré 2.3 qu'une réflexion et une préparation importantes sont requises avant que les élèves puissent répondre aux épreuves d'une évaluation. Il faut désigner un organisme chargé de la collecte des données, prendre des décisions au sujet des questions de politiques à couvrir, et concevoir et tester des épreuves et des questionnaires. La préparation de l'exécution de l'évaluation nécessite d'identifier des échantillons (ou populations) d'établissements et d'élèves, de contacter les établissements, de sélectionner et former les administrateurs des épreuves. Dans certains pays (Inde, Vietnam et certains pays africains), les enseignants ont été évalués sur les épreuves auxquelles leurs élèves ont été soumis (voir A.1 et A.2 dans l'annexe A et C.1 dans l'annexe C). Après l'administration des épreuves, beaucoup de temps et d'effort sont nécessaires pour préparer les données à l'analyse, effectuer celles-ci et rédiger les rapports.

Outre ceux rencontrés par d'autres pays, les pays à faible revenu sont confrontés à des problèmes supplémentaires lorsqu'ils tentent de réaliser une évaluation nationale. Les budgets alloués à l'éducation peuvent être maigres. Selon les données de 2005 (Banque mondiale, 2007), certains pays consacrent 2 % ou moins de leur produit intérieur brut à l'enseignement public (par exemple, le Bangladesh, le Cameroun, les Émirats arabes unis, la Guinée, le Kazakhstan, la Mauritanie, le Pakistan, le Pérou, la République démocratique populaire lao, la République dominicaine, la République du Congo, le Tchad et la Zambie), contre plus de 5 % dans la plupart des pays à revenu moyen et élevé.

Les demandes concurrentes existant au sein du secteur de l'éducation pour des activités telles que la construction scolaire, la formation des enseignants et la fourniture de matériel didactique peuvent entraîner un manque de fonds pour le suivi des acquis scolaires. En outre, de nombreux pays à faible revenu, voire à revenu intermédiaire, disposent d'une capacité institutionnelle limitée de réalisation d'une évaluation nationale. Ils peuvent aussi être confrontés à des problèmes administratifs et de communication supplémentaires dus au mauvais état des routes et des services de courrier et de téléphonie. Enfin, les très fortes différences de performance des élèves observées entre les établissements dans certains pays à faible revenu nécessitent un vaste échantillon (voir UNEB, 2006 ; Banque mondiale, 2004).

EN QUOI UNE ÉVALUATION NATIONALE DIFFÈRE-T-ELLE DES EXAMENS PUBLICS ?

Dans de nombreux systèmes éducatifs, les examens publics jouent un rôle crucial dans la certification des acquis des élèves, la sélection des élèves aptes à poursuivre des études et la normalisation de ce qui est enseigné et appris dans les écoles. On pense parfois que les examens publics fournissent la même information qu'une évaluation nationale, semblant ainsi éliminer la nécessité d'un système d'évaluation nationale dans un pays disposant d'un système d'examen public. En fait, les examens publics ne fournissent pas le type d'information visé par une évaluation nationale.

Premièrement, étant donné que les examens publics jouent un rôle majeur dans la sélection des élèves (pour le passage au niveau supérieur dans le système éducatif et parfois pour l'accès à des emplois), ils cherchent à établir une distinction entre des élèves relativement performants et sont donc susceptibles de ne pas assurer une couverture adéquate du programme de cours. Deuxièmement, les examens ainsi que les caractéristiques des élèves qui les passent, changent d'une année à l'autre, limitant ainsi les conclusions qui peuvent être tirées des comparaisons dans le temps. Troisièmement, en raison des « enjeux élevés » liés à la performance (les résultats des élèves à un examen ont des conséquences importantes pour eux et peut-être pour leurs enseignants), les enseignants (et les élèves) peuvent se concentrer sur les matières du programme visées par les examens au détriment de domaines importants dont les acquis ne sont pas évalués (par exemple, les compétences pratiques), de sorte que la performance à l'examen ne reflète pas avec exactitude le programme de cours prévu. À quelques exceptions près, une évaluation nationale n'entraîne normalement aucune prise de décision concernant les élèves, les enseignants ou les établissements à titre individuel.

Quatrièmement, l'information sur la performance des élèves est généralement requise à un âge plus précoce que celui auquel les examens publics sont organisés. Cinquièmement, le type d'information contextuelle (sur l'enseignement, les ressources, les élèves et leurs familles) utilisé pour interpréter les données sur la performance des élèves collectées par les évaluations nationales n'est pas disponible pour l'interprétation des résultats des examens publics (Kellaghan, 2006). Le Tableau 2.1 résume les principales différences entre les évaluations nationales et les examens publics.

TABLEAU 2.1

Différences entre les évaluations nationales et les examens publics

	Évaluations nationales	Examens publics
Objectif	Fournir un feedback aux décideurs.	Certifier et sélectionner les élèves.
Fréquence	Périodique pour les matières enseignées régulièrement (par exemple, tous les quatre ans).	Tous les ans et plus souvent lorsque le système autorise des sessions de rattrapage.
Durée	Un ou deux jours.	Peuvent s'étendre sur quelques semaines.
Qui est évalué ?	Généralement un échantillon d'élèves d'une année d'études ou d'un âge donnés.	Tous les élèves du niveau d'études concerné qui souhaitent se présenter à l'examen.
Format	Généralement choix multiple et réponse courte.	Généralement rédaction et choix multiple.
Enjeux : importance pour les élèves, les enseignants et autres	Faible importance.	Grande importance.
Couverture du programme d'étude	Généralement limitées à une ou deux matières.	Couvre les principales matières.
Effet sur l'enseignement	Très peu d'effet direct.	Effet majeur : tendance des enseignants à se concentrer sur ce qui est couvert par l'examen.
Cours particuliers recherchés pour les élèves	Très peu probable.	Fréquemment.

(suite)

TABLEAU 2.1 *(suite)*

Les élèves obtiennent-ils les résultats ?	Rarement.	Oui.
Des informations supplémentaires sont-elles recueillies auprès des élèves ?	Fréquemment, dans les questionnaires des élèves.	Rarement.
Correction	Implique généralement des techniques statistiques sophistiquées.	Habituellement un processus simple basé sur un barème de notation prédéfini.
Effet sur le niveau de performance des élèves	Peu susceptible d'avoir un effet.	De mauvais résultats ou une perspective d'échec pouvant conduire à un abandon scolaire précoce.
Utilité pour le suivi dans le temps des tendances des niveaux de performance	Appropriées si les épreuves sont conçues en vue d'un suivi.	Pas appropriés parce que les questions d'examen et les populations candidates changent d'une année à l'autre.

CHAPITRE 3

POURQUOI RÉALISER UNE ÉVALUATION NATIONALE ?

La décision d'effectuer des évaluations nationales peut être prise pour diverses raisons. Elles reflètent souvent les efforts d'un État pour « moderniser » son système éducatif en introduisant une approche de gestion des affaires (corporatiste) (Kellaghan, 2003). Celle-ci s'appuie sur des concepts utilisés dans le monde des affaires, tels que la planification stratégique et un accent sur les produits et résultats, et elle peut impliquer une redevabilité liée à la performance. De ce point de vue, une évaluation nationale est un outil appelé à fournir un feedback sur un nombre limité de mesures de résultats jugées importantes par les décideurs, les politiciens et la communauté éducative dans son ensemble.

Un objectif clé de cette approche est de fournir de l'information sur le fonctionnement du système éducatif. De nombreux États ne disposent pas d'une information de base sur les aspects du système – en particulier les niveaux de performance des élèves – ni même sur ses intrants fondamentaux. Les évaluations nationales peuvent fournir ces informations, qui constituent une condition préalable clé pour l'élaboration de politiques rationnelles. Par exemple, l'évaluation nationale du Vietnam a permis d'établir que de nombreuses salles de classe ne disposaient pas des ressources de base (Banque mondiale, 2004).

Dans le même ordre d'idée, l'évaluation de Zanzibar a signalé que 45 % des élèves n'avaient pas de place pour s'asseoir (Nassor et Mohammed, 1998). L'évaluation nationale du Bhoutan a noté que certains élèves devaient voyager plusieurs heures par jour pour se rendre à l'école et en revenir (Bhoutan, Commission des examens, ministère de l'Éducation, 2004). L'évaluation de la Namibie a montré que de nombreux enseignants avaient une maîtrise limitée des compétences de base en anglais et mathématiques (Makuwa, 2005).

Le besoin d'information sur ce que les élèves apprennent à l'école a pris une importance croissante avec le développement de ce qu'il est convenu d'appeler l'« économie du savoir ». Certains analystes soutiennent qu'à l'avenir, s'ils veulent véritablement participer au monde du travail, les élèves devront disposer de niveaux de savoirs et de savoir-faire, en particulier en mathématique et en sciences, plus élevés qu'auparavant. Par ailleurs, la facilité d'accès aux biens et services augmentant avec la mondialisation, l'aptitude d'un pays à entrer avec succès dans la concurrence est considérée comme largement dépendante des compétences des travailleurs et de la gestion de leur utilisation du capital et de la technologie. Ce facteur pourrait justifier une comparaison de la performance des élèves d'un système éducatif avec celle des élèves d'autres systèmes, malgré le danger d'accorder trop d'importance à la performance agrégée des élèves dans l'explication de la croissance économique, étant donné les nombreux autres facteurs impliqués (Kellaghan et Greaney, 2001a).

Lorsqu'elles sont administrées pendant une certaine période, les évaluations nationales peuvent être utilisées pour déterminer si les normes s'améliorent, se détériorent ou restent inchangées. Beaucoup de pays en développement sont confrontés au problème de l'extension de la scolarisation, de la construction de nombreuses nouvelles écoles et de la formation d'un grand nombre d'enseignants tout en essayant en même temps d'améliorer la qualité de l'enseignement, parfois dans un contexte de réduction budgétaire. Dans cette situation, les pouvoirs publics doivent suivre les niveaux de performance pour déterminer comment l'évolution des effectifs scolaires et des conditions budgétaires affectent la qualité de l'apprentissage. Sans cela, l'augmentation des taux de scolarisation risque facilement d'être acceptée comme preuve d'une amélioration de la qualité de l'éducation.

Les données des évaluations nationales sont utilisées pour suivre les performances dans le temps. Une série d'études menées en Afrique entre 1995/1996 et 2000/2001 a révélé une baisse significative des scores en compréhension de l'écrit au Malawi, en Namibie et en Zambie (voir figure C.1.2 dans l'annexe C). Aux États-Unis, la *National Assessment of Educational Progress* (NAEP – l'évaluation nationale des progrès de l'éducation), qui a suivi les niveaux de performance en compréhension de l'écrit sur pratiquement trois décennies, a révélé que même si les enfants noirs et hispaniques de neuf ans avaient réduit l'écart de performance avec les enfants blancs jusque dans les années 1980, le différentiel des scores aux épreuves est resté assez constant par la suite (Figure 3.1). Toujours aux États-Unis, la NAEP a permis d'identifier une fluctuation des niveaux de performance en compréhension de l'écrit dans différents États (Figure 3.2). Au Népal, les résultats des évaluations nationales ont été utilisés pour suivre a) l'évolution des résultats sur la période 1997-2001 et, en particulier, b) les effets des décisions de politique relatives au budget, aux programmes de cours, aux manuels, au matériel pédagogique et au perfectionnement des enseignants (voir A.6 dans l'annexe A).

Lorsque les données des évaluations nationales sont utilisées pour le suivi des performances au cours du temps, la même épreuve doit

FIGURE 3.1

Écart de performance des élèves de neuf ans aux États-Unis : Évaluation de la performance en compréhension de l'écrit, NAEP, 1971 à 1999

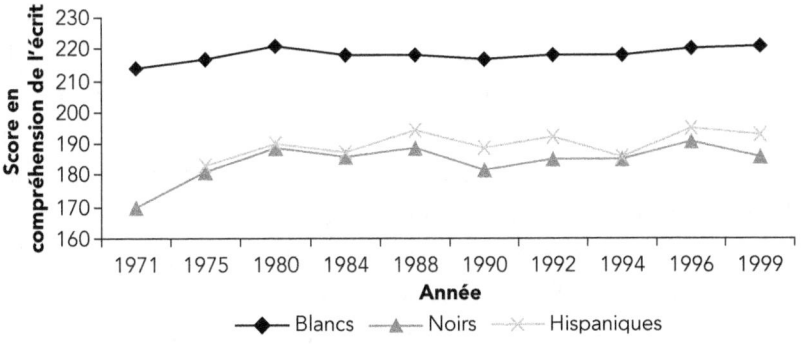

Source : Winograd et Thorstensen, 2004

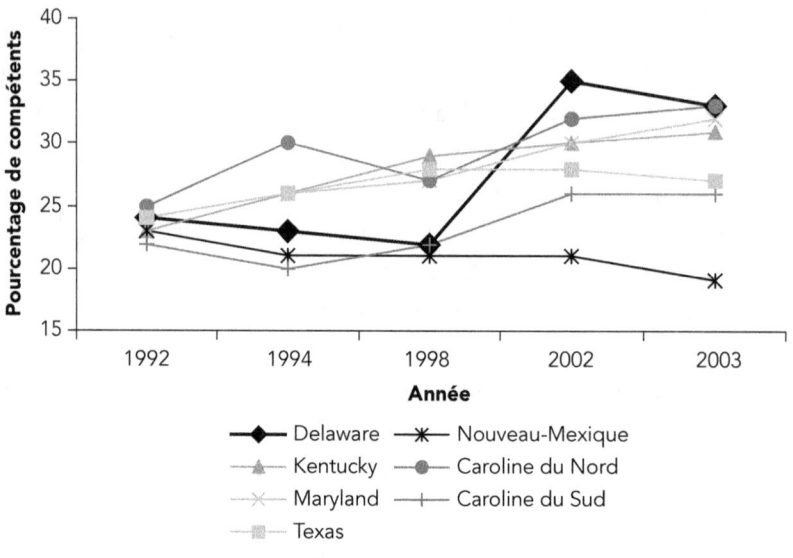

FIGURE 3.2

Pourcentage des élèves de quatrième année ayant atteint un niveau égal ou supérieur à « Compétent » en compréhension de l'écrit, NAEP 1992-2003

Source : Winograd et Thorstensen, 2004

être utilisée dans chaque évaluation ou, si des épreuves différentes sont administrées, certains items doivent être communs, de sorte que les performances aux épreuves puissent être mises en correspondance ou liées. Dans chaque cas, les items communs doivent être conservés en sécurité afin que les comparaisons ne soient pas invalidées du fait de la connaissance de leur contenu par les élèves et enseignants.

Les autres utilisations qui peuvent être faites d'une évaluation nationale dépendent de la manière dont les données ont été recueillies : à partir d'un échantillon d'établissements ou de l'effectif de l'ensemble (ou de la plupart) des établissements. Dans les deux cas, les résultats peuvent être utilisés pour fournir des orientations aux décideurs intéressés par une amélioration de la qualité de l'éducation. Par exemple, les résultats peuvent aider les pouvoirs publics à identifier la force de l'association entre la qualité de l'apprentissage des élèves et différents facteurs sur lesquels ils ont un certain contrôle (comme la disponibilité des manuels scolaires, la taille des classes et le nombre d'années de formation initiale des enseignants).

Une analyse des résultats peut mener à des décisions affectant la fourniture des ressources au système éducatif en général (par exemple, pour la réforme des programmes de cours et des manuels ou le perfectionnement des enseignants) ou à des catégories d'établissements ayant des caractéristiques particulières (par exemple, les établissements en milieu rural ou ceux accueillant des élèves dans des zones défavorisées du point de vue socioéconomique). On peut trouver de nombreux exemples de l'utilisation à ces fins des constatations des évaluations nationales et internationales. L'Australie s'en est servie pour concevoir des programmes destinés à accroître la participation des filles et leurs performances en mathématiques et en sciences (Keeves, 1995). Elles ont suscité une réforme des programmes de cours dans des pays à revenu faible et intermédiaire (Elley, 2005), ont contribué à l'affectation de ressources financières aux écoles plus pauvres au Chili (voir A.7 dans l'annexe A), et encouragé le professionnalisme des enseignants en Uruguay (voir A.3 dans l'annexe A).

Les résultats d'une évaluation nationale peuvent également être utilisés pour faire évoluer les pratiques en salle de classe (Horn, Wolff et Velez, 1992). Informer les enseignants et les amener à adopter des changements de comportement améliorant sensiblement la performance des élèves n'est cependant pas chose aisée. La pression en faveur d'un changement dans les établissements et les classes est plus forte lorsque les résultats d'une évaluation nationale sont basés sur un recensement plutôt que sur un échantillon, ainsi que quand de grands enjeux sont associés à la performance. Il est possible qu'aucune action spécifique ne soit entreprise par les autorités en dehors de la publication de l'information sur la performance (par exemple, les palmarès) ou que des sanctions soient associées à la performance. Ces dernières peuvent prendre la forme de récompenses pour l'amélioration de la performance (par exemple, les établissements, les enseignants, ou les deux reçoivent des incitations économiques si les élèves atteignent une certaine cible) ou de « punitions » pour les mauvaises performances (par exemple, l'échec des élèves pour le passage au niveau supérieur ou le renvoi des enseignants) (voir A.7 dans l'annexe A pour une brève description du programme de récompense du Chili).

Quand une évaluation nationale obtient de l'information sur la performance des élèves dans l'ensemble (ou la plupart) des établissements, certains décideurs peuvent y voir une occasion d'utiliser ces données pour juger de la qualité des enseignants et des établissements. Les enseignants et élèves ont certes une responsabilité dans l'apprentissage, mais le rôle des institutions, organismes et individus exerçant un contrôle sur les ressources et les activités des établissements doit également s'inscrire dans un système de responsabilité. La reconnaissance équitable des responsabilités de tous les intervenants est importante, qu'une évaluation soit basée sur un échantillon ou sur un recensement. L'évaluation nationale en Uruguay est un bon exemple de cette reconnaissance de la responsabilité des diverses parties prenantes (y compris l'État) dans la performance des élèves (voir A.3 dans l'annexe A).

Dans certains cas, l'évaluation nationale peut n'avoir qu'un rôle symbolique visant à légitimer l'action de l'État en adoptant des modèles de modernité internationalement reconnus et en donnant au processus d'élaboration des politiques un semblant de rationalité scientifique (Benveniste, 2000, 2002 ; Kellaghan, 2003). Quand tel est le cas, l'acte d'évaluation a plus d'importance que ses résultats. Lorsqu'une évaluation nationale est réalisée uniquement pour satisfaire les exigences d'un bailleur de fonds ou éventuellement pour respecter l'engagement international de l'État de suivre les progrès dans la direction des objectifs du Millénaire pour le développement, elle ne peut guère avoir plus qu'une valeur symbolique et a peu de chances d'être sérieusement prise en compte dans la gestion du système éducatif ou dans l'élaboration des politiques.

CHAPITRE 4

DÉCISIONS À PRENDRE DANS LES ÉVALUATIONS NATIONALES

Dans ce chapitre, nous examinons douze décisions à prendre pendant la planification d'une évaluation nationale (voir Greaney et Kellaghan, 1996 ; Kellaghan, 1997 et Kellaghan et Greaney, 2001b, 2004).

QUI ORIENTE LES POLITIQUES DANS UNE ÉVALUATION NATIONALE ?

Le ministère de l'Éducation doit nommer un comité directeur national (CDN) qui fournira des orientations générales à l'organisme chargé d'exécuter l'évaluation. Le comité peut aider à garantir un statut à l'évaluation nationale et veiller à ce qu'elle aborde les questions clés de politiques intéressant le ministère et les autres parties prenantes. Il peut également aider à résoudre les problèmes administratifs et financiers graves qui peuvent intervenir au cours de la mise en œuvre de l'évaluation nationale. L'octroi au CDN d'un certain degré de contrôle sur la direction et la finalité de l'évaluation nationale accroît également les chances que les résultats de l'évaluation jouent un rôle dans l'élaboration des futures politiques.

La composition du CDN peut varier d'un pays à l'autre, en fonction de la structure du pouvoir au sein du système éducatif. Outre les représentants du ministère de l'Éducation, le CDN peut rassembler des représentants des principaux groupes ethniques, religieux et linguistiques, ainsi que des groupes dont les membres seront censés prendre des mesures en fonction des résultats de l'évaluation (tels que les formateurs des enseignants, les enseignants, les inspecteurs scolaires et le personnel chargé des programmes de cours). L'encadré 4.1 fournit une liste des membres d'un comité directeur proposée pour une évaluation nationale en Sierra Leone, par les participants d'un séminaire international. La prise en compte des besoins d'information de ces différentes parties prenantes doit aider à ce que l'évaluation nationale n'aboutisse pas à un rapport critiqué ou ignoré en raison de son incapacité à répondre aux « bonnes » questions.

Le CDN ne peut être ni surchargé de réunions ni impliqué dans des tâches routinières de mise en œuvre de l'évaluation nationale. Dans certains cas, il peut fournir une orientation au stade initial, en identifiant le but et les raisons de l'évaluation, en déterminant les domaines du programme de cours et les années d'études à évaluer,

---

ENCADRÉ 4.1

Membres proposés pour le CDN en Sierra Leone

- Commission de l'enseignement fondamental
- Organisations de la société civile
- Secrétariat décentralisé
- Directeur général de l'éducation (président)
- Direction de la planification de l'éducation
- Conseil interreligieux
- Centre national de développement de la recherche sur les programmes de cours
- Syndicat des enseignants de Sierra Leone
- Institut des statistiques de Sierra Leone
- Établissements de formation des enseignants
- Conseil des examens de l'Afrique de l'Ouest

ou en sélectionnant le ou les organismes qui effectueront l'évaluation, bien que ces décisions puissent également être prises avant la création du comité. Le CDN sera vraisemblablement le plus actif au début de l'exercice d'évaluation, tandis que l'organisme d'exécution sera responsable de la plupart des travaux de détail, tels que la mise au point de l'instrument, l'échantillonnage, l'analyse, et la production des rapports. L'organisme d'exécution doit toutefois fournir au CDN les versions préliminaires des tests et questionnaires ainsi que la description des procédures proposées, afin que les membres du comité puissent fournir des indications et veiller à ce que les besoins d'information qui ont initialement motivé l'évaluation soient traités de manière adéquate. Les membres du CDN doivent également examiner les projets de rapports préparés par l'organisme d'exécution.

Responsabilité de fournir des orientations pour les politiques : ministère de l'Éducation

QUI EFFECTUE L'ÉVALUATION NATIONALE ?

Une évaluation nationale doit être effectuée par une équipe ou une organisation crédible, dont le travail pourra inspirer le respect et renforcer les chances d'une large acceptation des conclusions. Divers pays ont attribué la responsabilité des évaluations nationales à des groupes allant d'équipes constituées au sein du ministère de l'Éducation jusqu'à des entités autonomes (universités, centres de recherche), en passant par des équipes techniques étrangères. Une série de facteurs peut influencer cette décision, notamment les niveaux nationaux de capacité technique ainsi que les conditions administratives et politiques. Le tableau 4.1 présente certains des avantages et inconvénients potentiels des différentes catégories d'organismes d'exécution à prendre en considération lors du choix de l'un d'eux.

Dans certains cas, les traditions ou la législation peuvent limiter la liberté de choix du ministère de l'Éducation. En Argentine, par exemple, les provinces doivent autoriser le contenu du programme de cours concerné par l'évaluation nationale. Initialement, les provinces étaient invitées à fournir les items des épreuves, mais beaucoup d'entre elles ne possédaient pas les capacités techniques pour le faire.

TABLEAU 4.1

Options pour la mise en œuvre d'une évaluation nationale

Organisme désigné	Avantages	Inconvénients
Constitué avec du personnel du ministère de l'Éducation	Susceptible de bénéficier de la confiance du ministère. Bénéficie d'un accès immédiat aux personnel, matériel et données clés (par exemple, les données sur la population scolaire). Possibilité de ne pas avoir à obtenir des fonds pour le temps de travail du personnel.	Les constatations de l'évaluation pourraient faire l'objet de manipulations politiques, y compris des suppressions. Peut être considéré avec scepticisme par d'autres parties prenantes. Le personnel peut être appelé à effectuer d'autres tâches. Manque possible de capacités techniques.
Constitué avec du personnel d'un centre public des examens	Est généralement crédible. A de l'expérience dans la réalisation d'évaluations sécurisées. Possibilité de ne pas avoir à obtenir des fonds pour le temps de travail du personnel. Certaines compétences (par exemple, de développement des épreuves) peuvent être transférées pour améliorer le centre des examens. Plus susceptible d'être durable que certains autres modèles.	Le personnel peut être appelé à effectuer d'autres tâches. Les capacités techniques peuvent être faibles. Manque possible d'accès direct aux données. L'expérience des examens publics peut conduire à la rédaction d'items trop difficiles.
Constitué à partir du secteur de la recherche/des universités	Constatations éventuellement plus crédibles pour les parties prenantes. Plus susceptible de disposer de certaines compétences techniques. Peut utiliser les données pour d'autres études du système éducatif.	Doit mobiliser des fonds pour couvrir les frais de personnel. Peut être moins durable que certains autres modèles. Peut entrer en conflit avec le ministère de l'Éducation.

(suite)

TABLEAU 4.1 (suite)

Organisme désigné	Avantages	Inconvénients
Recruté en tant qu'assistance technique étrangère (AT)	Plus susceptible d'être techniquement compétent. La nature du financement peut aider à assurer un achèvement dans les délais prévus.	Susceptible d'être coûteux. Risque de ne pas être sensible au contexte éducatif. Difficulté d'assurer la durabilité de l'évaluation. Renforcement vraisemblablement faible des capacités nationales.
Constitué d'une équipe nationale soutenue par une AT internationale	Peut améliorer la capacité technique des responsables nationaux. Peut garantir l'achèvement de l'évaluation dans les délais prévus. Peut renforcer la crédibilité des résultats.	La coordination du travail de l'équipe nationale peut être difficile avec celui de l'assistance technique. Le transfert des compétences au personnel national peut être difficile à assurer.
Équipe du ministère soutenue par une AT nationale.	Peut assurer le soutien du ministère tout en obtenant une AT nationale. Moins coûteuse que l'AT internationale.	Manque possible des capacités techniques nécessaires au sein de l'AT nationale D'autres inconvénients potentiels mentionnés pour le ministère de l'Éducation peuvent être applicables.

Par la suite, des exemples de questions leur ont été soumis pour approbation, tandis que la *Dirección Nacional de Información y Evaluación de la Calidad Educativa* (DiNIECE – la direction nationale de l'information et de l'évaluation de la qualité de l'éducation) élaborait les instruments d'évaluation finaux à partir de l'ensemble des items approuvés. Depuis peu, les items des épreuves sont conçus indépendamment par des universitaires et approuvés par le Conseil fédéral national. La DiNIECE demeure responsable de la mise au point des tests de performance, de l'analyse des résultats et de la coordination générale des activités annuelles d'évaluation.

Au moment de déterminer à qui attribuer cette responsabilité, il est important de réfléchir à la grande diversité des compétences requises pour mener à bien une évaluation nationale. Cette question est abordée plus en détail dans *Mettre en œuvre une évaluation nationale des acquis scolaires* (volume 3 de cette série). Une évaluation nationale est fondamentalement un travail d'équipe. Celle-ci doit être flexible, prête à travailler sous pression et dans un esprit de collaboration, et préparée à apprendre de nouvelles approches d'évaluation et technologiques. Le chef de l'équipe doit disposer de solides compétences managériales. Il ou elle sera appelé à organiser le personnel, coordonner et programmer les activités, soutenir la formation et gérer et contrôler les aspects financiers. Il ou elle doit avoir une certaine habileté politique étant donné qu'il ou elle devra rendre compte au CDN et être en contact avec des organismes publics nationaux, régionaux et, dans certains cas, de districts ainsi qu'avec des représentants des parties prenantes (tels que les enseignants ou les organismes religieux).

L'équipe doit avoir de solides compétences de mise en œuvre ou opérationnelles. Les tâches à effectuer comprennent l'organisation d'ateliers destinés aux rédacteurs des items et aux administrateurs des épreuves ; la gestion de l'impression et de la distribution des épreuves, des questionnaires et des manuels ; les contacts avec les établissements scolaires ; l'élaboration du matériel de formation et la collecte et l'enregistrement des données. Une petite équipe spécialisée de développeurs de tests sera nécessaire pour analyser le programme de cours, constituer des tableaux de spécifications ou un plan détaillé des épreuves, rédiger les items, les sélectionner après une phase de prétests ou de test pilote et donner des conseils pour la correction.

Après l'administration des épreuves, les questions ouvertes et à choix multiples doivent être corrigées.

L'équipe aura besoin de l'appui d'une ou plusieurs personnes dotées de compétences statistiques et analytiques pour la sélection des échantillons ; la pondération des données ; la saisie des données et la préparation des fichiers ; l'analyse détaillée des données des tests ainsi que l'analyse statistique des résultats globaux et la constitution de fichiers de données destinés à d'autres parties (par exemple, des universitaires et des étudiants de troisième cycle) en vue de la réalisation d'analyses secondaires. Dans nombre de pays en développement, en raison de l'absence des capacités nécessaires dans ce dernier domaine, les données sont collectées, mais jamais analysées ni communiquées correctement.

L'équipe doit disposer du personnel nécessaire pour produire et diffuser les résultats, des communiqués de presse et des bulletins d'information ou des brochures ciblées.

On peut aussi raisonnablement s'attendre à ce que l'équipe joue un rôle clé dans l'organisation de séminaires destinés à permettre aux enseignants et à d'autres responsables du système éducatif de discuter de l'importance des résultats et de leurs implications pour l'enseignement et l'apprentissage.

La plupart des membres de l'équipe peuvent à la fois travailler à temps partiel et être employés suivant les besoins. Cette catégorie peut comprendre les rédacteurs des items – en particulier des enseignants en exercice dotés d'une bonne connaissance du programme de cours – et les experts de l'échantillonnage et de l'analyse statistique. Les membres de l'équipe peuvent être recrutés en dehors du secteur de l'éducation. Par exemple, un bureau national du recensement peut être une bonne source de spécialistes de l'échantillonnage. Un personnel informatique ayant une expérience appropriée pourrait contribuer au nettoyage des données et des journalistes pourraient participer à la rédaction de communiqués de presse accrocheurs. Ni le Cambodge ni l'Éthiopie n'ont employé du personnel à temps plein pour leurs évaluations nationales.

Responsabilité de la réalisation de l'évaluation nationale : organisme d'exécution (ministère de l'Éducation, centre des examens, organisme de recherche, université).

QUI ADMINISTRE LES ÉPREUVES ET LES QUESTIONNAIRES ?

Les traditions administratives, la perception des niveaux de confiance ainsi que les sources de financement d'un pays influencent habituellement la sélection du personnel chargé de l'administration des épreuves et des questionnaires dans une évaluation nationale. La pratique varie. Par exemple, certains pays ont utilisé des étudiants de troisième cycle, tandis que la Zambie a fait intervenir des inspecteurs d'école et des fonctionnaires du ministère dans l'administration des épreuves et des questionnaires. D'autres pays ont fait appel à des enseignants expérimentés issus d'écoles ne participant pas à l'évaluation ou à des enseignants retraités. Aux Maldives, l'administrateur des épreuves doit appartenir au personnel d'une école située sur une île différente de celle où se trouve l'établissement cible.

Les administrateurs des épreuves doivent être soigneusement sélectionnés. Ils doivent avoir de bonnes compétences organisationnelles, disposer d'une expérience du travail dans les écoles et s'engager à suivre strictement les directives pour les épreuves et questionnaires. Idéalement, ils devraient avoir une expérience des salles de classe, parler la même langue, avec le même accent, que les élèves et faire preuve d'autorité sans être menaçants. Le volume 3 de cette série, *Mettre en œuvre une évaluation nationale des acquis scolaires*, examine les avantages et inconvénients de l'utilisation d'enseignants, d'inspecteurs, de formateurs des enseignants, de membres du centre des examens et d'étudiants universitaires en tant qu'administrateurs.

Bien que le recours aux enseignants des élèves participant à l'évaluation nationale en tant qu'administrateurs des épreuves puisse sembler très économique et commode du point de vue administratif, il est rarement choisi pour toute une série de raisons. Certains enseignants peuvent avoir l'impression qu'on évalue l'efficacité de leur enseignement. Certains peuvent éprouver des difficultés à renoncer à l'habitude d'aider leurs élèves et ne pas être capables de s'adapter à l'approche formelle des épreuves. D'autres peuvent faire des copies des épreuves ou de leurs questions, excluant ainsi la possibilité d'utiliser ces items dans de futures évaluations nationales. Le fait que des enseignants fassent passer les épreuves à leurs propres élèves peut également nuire à la perception publique de la fiabilité des résultats de l'évaluation.

Responsabilité de l'administration des épreuves et questionnaires : organisme d'exécution

QUELLE EST LA POPULATION ÉVALUÉE ?

Dans leur acception habituelle, les évaluations nationales désignent des enquêtes réalisées dans les systèmes éducatifs. Tel n'a toutefois pas toujours été le cas. La première évaluation nationale réalisée aux États-Unis (en 1969) visait une population qui avait quitté l'école (jeunes de 17 et 18 ans et jeunes adultes de 26 à 35 ans) ou la fréquentait encore, et portait sur l'éducation civique, la lecture et les sciences. L'évaluation des populations ayant quitté l'école a été interrompue pour des raisons de coût (Jones, 2003). Des études ultérieures de la littératie des adultes ont été effectuées indépendamment des évaluations nationales.

La question de l'évaluation de plus jeunes enfants non scolarisés est plus pertinente dans de nombreux pays en développement qu'aux États-Unis, étant donné que bon nombre d'enfants d'âge scolaire ne fréquentent pas l'école. De toute évidence, les acquis de ces enfants (ou leur absence d'acquis) intéressent les décideurs et les responsables des politiques et peuvent être particulièrement pertinents pour le secteur de l'éducation non formelle. Leur inclusion dans une évaluation nationale conventionnelle est cependant difficile à envisager. Même si certains groupes de jeunes non scolarisés peuvent être évalués à l'aide des épreuves d'une évaluation nationale dans une étude distincte, les méthodes d'évaluation et les procédures d'échantillonnage sont en général très différentes, et les différences de situation de ces enfants (par exemple, des besoins spéciaux, un désavantage socioéconomique ou la distance par rapport à l'école) doivent être prises en compte.

En ce qui concerne les enfants fréquentant l'école, les décideurs souhaitent obtenir de l'information sur leurs savoirs et savoir-faire à des stades précis de leur parcours scolaire. Il convient de décider si les populations sont définies sur la base de l'âge ou de l'année d'études ou d'une combinaison des deux. Dans les pays où l'âge d'entrée à l'école varie substantiellement et où des politiques de refus du passage automatique à l'année supérieure sont appliquées, les élèves d'un âge similaire ne sont pas réunis dans une même année. Cette situation est un solide argument en faveur du ciblage de l'année plutôt que de l'âge.

L'année à évaluer doit normalement être déterminée par les besoins d'information du ministère de l'Éducation. S'il souhaite, par exemple, connaître le niveau d'acquis des élèves en fin d'école primaire, il peut demander qu'une évaluation nationale soit effectuée vers la fin de la dernière année primaire (cinquième ou sixième année dans de nombreux pays). Il peut également demander une évaluation nationale de la troisième ou quatrième année s'il a besoin de données sur les performances des élèves à mi-parcours du cycle d'enseignement de base. Cette information pourra ensuite être utilisée pour introduire des mesures correctives (telles qu'une formation continue des enseignants) afin de traiter les problèmes liés à certains aspects du programme de cours identifiés dans l'évaluation.

Les années scolaires ciblées par les évaluations nationales varient d'un pays à l'autre. Aux États-Unis, les niveaux de performance des élèves sont évalués en 4e, 8e et 12e année ; en Colombie, en 3e, 5e, 7e et 9e année ; en Uruguay, au niveau préscolaire et en 1re, 2e et 6e année ; au Sri Lanka, en 4e, 8e et 10e année. En Afrique anglophone, un consortium régional de systèmes d'éducation, le Consortium de l'Afrique australe et orientale pour le pilotage de la qualité de l'éducation (SACMEQ – *Southern and Eastern Africa Consortium for Monitoring Educational Quality*), a évalué des élèves de 6e année. Dans les pays africains francophones, le Programme d'analyse des systèmes éducatifs de la CONFEMEN (Conférence des ministres de l'Éducation des États et gouvernements de la Francophonie, également appelée Conférence des ministres de l'Éducation des pays ayant le français en partage) a évalué les élèves de 2e et 5e année.

Des considérations pragmatiques dictent parfois la sélection des années à évaluer. Le ministère fédéral nigérian de l'Éducation a décidé d'évaluer les élèves de 4e année parce que la réalisation des épreuves à un niveau inférieur aurait nécessité leur traduction dans de nombreuses langues locales. L'évaluation d'années supérieures n'était pas jugée adéquate, car les élèves et les enseignants se concentrent généralement sur les examens d'entrée dans l'enseignement secondaire.

Relativement peu de pays mènent des évaluations à grande échelle des trois premières années. À ce niveau, les élèves risquent de ne pas être capables de suivre les instructions, d'effectuer les tâches cognitives de l'évaluation ou de répondre à des questions à choix multiple. Une étude jamaïcaine a observé qu'un nombre important d'élèves de 1re année étaient incapables de reconnaître les lettres de l'alphabet (Lockheed et Harris, 2005). Il faut néanmoins garder à l'esprit que des procédures alternatives devraient exister pour suivre les modèles d'apprentissage précoce, étant donné qu'une information sur ceux-ci peut être essentielle pour les efforts de réforme.

Responsabilité de la détermination de la population à évaluer : ministère de l'Éducation et CDN

EVALUE-T-ON TOUTE LA POPULATION OU UN ÉCHANTILLON ?

La plupart des études nationales et toutes les études régionales et internationales utilisent des approches basées sur des échantillons pour déterminer les niveaux de performance nationaux. Certaines évaluations nationales utilisent à la fois des approches basées sur des échantillons et basées sur un recensement (par exemple, le Costa Rica, Cuba, la France, le Honduras, la Jordanie, le Mexique et l'Uruguay), tandis que la plupart des évaluations infranationales collectent des données de recensement (par exemple, Minas Gerais, Parana et São Paulo, au Brésil ; Bogotá, en Colombie et Aguascalientes au Mexique) (voir Crespo, Soares et deMello e Souza, 2000). Plusieurs facteurs plaident en faveur d'un échantillon lorsque l'objectif est d'obtenir de l'information sur le fonctionnement de l'ensemble du système éducatif à des fins d'élaboration ou d'évaluation des politiques. Ils comprennent a) des coûts moindres pour l'administration des épreuves ainsi que le nettoyage et la gestion des données ; b) moins de temps pour l'analyse et l'élaboration des rapports ; et c) plus de précision grâce à une supervision plus intense du travail de terrain et de la préparation des données (Ross, 1987).

Comme indiqué au chapitre 3, le but d'une évaluation est essentiel pour déterminer s'il convient de réaliser les tests sur un échantillon ou sur l'ensemble de la population des élèves ciblés. D'un côté, la décision d'utiliser l'effectif total peut refléter une intention de renforcer la redevabilité des établissements, des enseignants ou même des élèves. Elle facilite l'application de sanctions (positives ou négatives), le retour d'information vers les établissements sur leurs performances individuelles, la publication de palmarès, ainsi que l'identification des établissements ayant le plus besoin d'assistance (comme, par exemple, au Chili et au Mexique). De l'autre côté, l'approche basée sur un échantillon ne permet la détection des problèmes qu'au niveau du système. Elle n'identifie pas individuellement les établissements ayant besoin d'aide, mais est capable de reconnaître les types ou catégories d'établissements (par exemple, les petites écoles rurales) auxquels une attention doit être accordée. Elle permet également d'identifier des problèmes d'égalité entre les sexes ou d'équité entre les ethnies.

Un argument contre l'utilisation d'une approche basée sur un échantillon est qu'en raison de l'absence d'enjeux importants associés à la performance, certains élèves ne sont pas incités à prendre l'épreuve au sérieux. Tel n'a toutefois pas été le cas dans de nombreux pays, notamment en Afrique du Sud, où certains élèves ont craint que les résultats obtenus aux épreuves de l'enquête TIMSS (Tendances de l'enquête internationale sur les mathématiques et les sciences – *Trends in International Mathematics and Science Study*) comptent dans leurs résultats scolaires officiels. Il est intéressant de noter que des tricheries ont eu lieu pendant l'administration des épreuves, probablement en raison de la perception des enjeux relativement élevés associés à la performance (voir A.4 dans l'annexe A).

Les avantages et inconvénients de l'utilisation d'une évaluation nationale pour responsabiliser les établissements, les enseignants et, dans certains cas, les élèves sont présentés dans le tableau 4.2. Les points énumérés sont, pour la plupart, tirés d'études des effets des examens publics associés à des enjeux importants, et non d'une étude des évaluations nationales. Ils devraient néanmoins être pertinents pour les évaluations nationales basées sur un recensement, tout au

TABLEAU 4.2

Avantages et inconvénients d'une évaluation basée sur un recensement pour la responsabilisation des établissements

Avantages	Inconvénients
Se concentre sur les aspects de l'éducation jugés importants.	A tendance à négliger les matières non couvertes par les épreuves.
Souligne les aspects importants des différentes disciplines.	A tendance à négliger les aspects non testés des disciplines (comme l'expression orale en langue).
Aide à garantir que les élèves atteignent un niveau acceptable avant de passer dans l'année supérieure.	A contribué à l'abandon scolaire précoce et à l'échec du passage à l'année supérieure.
Permet une comparaison directe entre les établissements.	Aboutit à un classement injuste des établissements ayant des contextes sociaux différents mais des résultats similaires.
Renforce la confiance du public dans la performance du système.	A conduit à des tricheries pendant l'administration des épreuves et à une manipulation ultérieure des résultats.
Incite les élèves à apprendre.	A tendance à privilégier la mémorisation et l'apprentissage par cœur.
Amène une amélioration des niveaux de performance de certains établissements et élèves.	L'amélioration de la performance peut être limitée à une épreuve particulière et ne pas apparaître dans d'autres épreuves portant sur la même matière.
Permet aux parents de juger de l'efficacité individuelle des établissements et enseignants.	Conduit à une évaluation injuste de l'efficacité sur la base des scores aux épreuves sans tenir compte d'autres facteurs liés aux acquis.
A tendance à bénéficier de la faveur des responsables des politiques et des médias.	Tient rarement les politiciens pour responsables du manque de ressources pédagogiques.

moins pour celles faisant office de substituts aux examens publics (comme aux États-Unis et dans certains pays d'Amérique latine).

Responsabilité de la décision d'utiliser un échantillon ou un recensement : ministère de l'Éducation.

QUELS SONT LES ÉLÉMENTS ÉVALUÉS ?

Toutes les évaluations nationales mesurent les résultats cognitifs de l'enseignement ou les compétences scolaires dans les domaines de la langue/littératie et des mathématiques/numératie, ce qui reflète l'importance de ces résultats pour l'éducation de base. Dans certains pays, la connaissance des sciences et des sciences sociales est intégrée dans l'évaluation. Quel que soit le domaine évalué, l'existence d'un cadre approprié est importante, dans un premier temps pour l'élaboration des instruments d'évaluation et ensuite pour l'interprétation des résultats. Ce cadre peut exister dans le programme de cours si, par exemple, celui-ci expose les attentes relatives à l'apprentissage avec des priorités clairement définies et appliquées. Dans la plupart des cas, un tel cadre n'est pas disponible et les responsables de l'évaluation nationale doivent le créer. Cette tâche requiert une étroite coopération entre l'organisme d'évaluation, les responsables des programmes de cours et d'autres parties prenantes.

Les cadres d'évaluation tentent de clarifier en détail ce qui est couvert par une évaluation à grande échelle, comment l'évaluer et pourquoi (voir Kirsch, 2001). Il vise à rendre transparents le processus d'évaluation et ses hypothèses sous-jacentes, non seulement pour les développeurs des épreuves, mais aussi pour un public beaucoup plus large comprenant les enseignants, les responsables des programmes de cours et les décideurs politiques. Le cadre commence généralement par une définition générale ou une déclaration d'intention rappelant les raisons de l'évaluation et spécifiant les savoirs, savoir-faire et autres attributs à mesurer. Il identifie et décrit ensuite les performances ou comportements qui vont révéler ces constructs, en identifiant un certain nombre de tâches ou de variables caractéristiques à utiliser pour la mise au point de l'évaluation. Il indique également comment ces performances doivent être utilisées pour évaluer les élèves (Mullis et coll., 2006).

De nombreuses évaluations nationales sont basées sur une analyse du contenu, à un niveau scolaire donné, de ce que les élèves sont censés avoir appris après avoir été exposés à un programme de cours prescrit ou prévu. Généralement, cette analyse est effectuée dans une matrice plaçant les comportements cognitifs sur l'axe horizontal et les thèmes ou domaines de contenu sur l'axe vertical. L'intersection d'un comportement cognitif et d'un domaine de contenu représente un objectif d'apprentissage. Les cellules peuvent être pondérées en fonction de leur importance.

De récentes évaluations nationales (et internationales) se sont inspirées de recherches sur le développement chez les élèves de savoir-faire en littératie et numératie qui ne figurent pas nécessairement dans les programmes de cours nationaux. Par exemple, dans le document *Cadre et spécifications* du Programme international de recherche en lecture scolaire (PIRLS – *Progress in International Reading Literacy Study*) 2006 de l'Association internationale pour l'évaluation du rendement scolaire (IEA – *International Association for the Evaluation of Educational Achievement*), la compréhension de l'écrit est définie comme « l'aptitude à comprendre et utiliser les formes de langage écrit requises par la société ou valorisées par l'individu. Les jeunes lecteurs peuvent découvrir le sens de textes très variés. Ils lisent pour apprendre, pour s'intégrer dans des communautés de lecteurs à l'école et dans la vie de tous les jours, et pour le plaisir » (Mullis et coll., 2006,3). D'après cette définition, il est évident que la lecture va plus loin que le simple déchiffrage d'un texte ou la compréhension du sens d'un passage ou d'un poème. Le PIRLS a en outre précisé ce qu'il se proposait de mesurer en indiquant le processus et les tâches à évaluer ainsi que le pourcentage des items des épreuves consacrés à chacun d'eux (Tableau 4.3).

Le document du cadre précisait que l'évaluation utiliserait des carnets de test comprenant cinq passages littéraires et cinq passages informatifs, et que chacun d'eux serait suivi de 12 questions, dont la moitié à choix multiple et l'autre moitié à réponse construite. Il indiquait également qu'étant donné l'importance des attitudes et comportements pour le développement d'une habitude de lecture tout au long de la vie et leur relation avec la performance en lecture, le PIRLS inclurait dans le questionnaire des élèves des questions visant à évaluer leurs attitude et comportements de lecture. Il justifiait la sélection des élèves de quatrième année de l'enseignement formel en tant que population cible par le fait que cette année constitue une étape de transition entre l'apprentissage de la lecture et la lecture pour l'apprentissage.

Dans son cadre d'évaluation, le PIRLS identifiait les deux principales fins de la lecture pour les élèves :

- Lecture en vue d'une expérience littéraire.
- Lecture en vue d'obtenir et utiliser de l'information.

TABLEAU 4.3

Processus de compréhension de l'écrit dans le PIRLS

Processus de compréhension	Exemples de tâches	Items
Identifier et retrouver des informations explicites	Rechercher des idées spécifiques. Retrouver des définitions ou des phrases. Identifier le contexte d'une histoire (par exemple, temps, lieu). Trouver une phrase relative au sujet ou à l'idée principale (énoncée explicitement).	20 %
Faire des inférences simples	Déduire qu'un événement en a causé un autre. Identifier des généralisations dans le texte. Décrire la relation entre les personnages. Déterminer le référent d'un pronom.	30 %
Interpréter et combiner des idées et des informations	Identifier le message ou le thème général. Opposer les informations du texte. Déduire l'humeur ou le ton d'une histoire. Donner une application de l'information du texte dans le monde réel.	30 %
Examiner et évaluer le contenu, la langue et les éléments textuels.	Évaluer la probabilité que les événements décrits se produisent. Décrire la façon dont l'auteur a imaginé une fin surprenante. Juger de l'exhaustivité ou de la clarté des informations dans le texte. Identifier les points de vue de l'auteur.	20 %

Source : Campbell et coll., 2001 ; Mullis et coll., 2006.

Il justifiait également de manière détaillée l'accent mis par le PIRLS sur la connaissance de l'environnement et du contexte dans lesquels les élèves apprennent à lire. Cette attention particulière a conduit à l'intégration dans le questionnaire d'items portant sur les caractéristiques du foyer susceptibles d'encourager les enfants à apprendre à lire : activités des parents liées à la lecture, langue parlée à la maison, liens entre la maison et l'école, et activités extrascolaires des élèves liées à la lecture. Les questions relatives à l'aspect scolaire couvraient les ressources scolaires susceptibles d'influencer directement ou indirectement la performance en lecture. Le document du cadre justifiait également l'évaluation de variables liées aux classes, telles que les approches pédagogiques et la nature de la formation des enseignants.

Pour des élèves plus âgés, au lieu de baser l'instrument d'évaluation sur les attentes ou exigences du programme de cours, on peut envisager un test reflétant les savoirs et savoir-faire dont les élèves auront vraisemblablement besoin et qu'ils développeront au cours de leur vie d'adultes. Le Programme international pour le suivi des acquis des élèves (PISA) a fourni un exemple de cette méthode en entreprenant d'évaluer la « culture mathématique » des élèves de 15 ans, définie comme « l'aptitude à formuler, employer et interpréter les mathématiques dans un éventail de contextes [… ainsi qu']à comprendre le rôle que jouent les mathématiques dans le monde et à se comporter en citoyen constructif, engagé et réfléchi, c'est-à-dire à poser des jugements et à prendre des décisions en toute connaissance de cause » (OCDE, 2003, 24) (voir B.3 dans l'annexe B). Cette approche alternative convient bien à une étude internationale dans laquelle la conception d'un instrument d'évaluation reflétant une série de programmes de cours différents est clairement problématique, mais elle peut également être utilisée pour une évaluation nationale.

Quelques évaluations nationales recueillent des informations sur des résultats affectifs (par exemple, l'attitude des élèves vis-à-vis de l'école ou l'estime de soi des élèves). La Colombie, par exemple, évalue l'attitude des élèves à l'égard de la paix. Bien que ces résultats soient très importants, leur mesure a tendance à être moins fiable que celle des résultats cognitifs et les analyses qui les utilisent s'avèrent difficiles à interpréter. Au Chili, les difficultés techniques rencontrées dans la mesure des valeurs des élèves et de leur attitude vis-à-vis de l'apprentissage ont conduit à l'abandon de ces domaines (voir A.7 dans l'annexe A).

Une évaluation à grande échelle (Suivi permanent des acquis scolaires) a évalué les « compétences de la vie courante », définies comme les connaissances et les comportements des élèves relatifs à la santé et à la nutrition, à l'environnement, à la responsabilité civique, ainsi qu'à la science et à la technologie (Chinapah, 1997). S'il est généralement admis que les compétences de la vie courante sont importantes et doivent être enseignées, il existe néanmoins un profond désaccord sur leur nature précise. Leur mesure s'avère également difficile.

La plupart des évaluations nationales collectent des informations sur les élèves, les établissements d'enseignement et des aspects familiaux jugés pertinents pour la performance des élèves (par exemple, le sexe des élèves et leurs antécédents scolaires, y compris les redoublements ; les ressources existant dans les écoles, notamment la disponibilité de manuels ; le niveau d'études et les qualifications des enseignants ; et le statut socioéconomique des familles des élèves). Les informations sont généralement recueillies dans des questionnaires (et parfois dans le cadre d'entretiens) administrés aux élèves, aux enseignants et enseignants principaux, et parfois aux parents, en même temps que les instruments d'évaluation.

L'identification des facteurs contextuels liés à la performance des élèves peut aider à identifier les variables manipulables, c'est-à-dire les facteurs qui peuvent être modifiés par les décideurs politiques, tels que les règlements sur le temps alloué aux disciplines du programme de cours, la fourniture de manuels et la taille des classes. Les données contextuelles collectées dans certaines études nationales (et internationales) ne peuvent toutefois pas jouer ce rôle parce qu'elles ne mesurent pas de manière appropriée les conditions de vie des élèves. Le statut économique, par exemple, peut être basé sur une série d'éléments tels qu'une voiture, un poste de télévision et un robinet d'eau courante dans un pays où la majorité de la population vit, pendant au moins une partie de l'année, avec un revenu équivalent à moins de 1 dollar EU par jour. En outre, malgré la pertinence de l'état de santé et de l'état nutritionnel, aucune information ne peut être obtenue à leur propos (Naumann, 2005).

Dans certaines évaluations, la performance des enseignants est évaluée au même titre que celle des élèves. Au Vietnam (voir A.2 dans l'annexe A) et dans un certain nombre de pays africains participant aux études SACMEQ (voir C.1 dans l'annexe C), les enseignants ont été soumis aux mêmes items que leurs élèves afin d'obtenir un aperçu de leur maîtrise de la matière. En Ouganda, des informations ont été obtenues sur le degré de connaissance des principaux documents officiels du programme de cours dont les enseignants déclaraient disposer.

Responsabilité de la détermination des éléments à évaluer : ministère de l'Éducation, CDN, avec la contribution de l'organisme d'exécution.

COMMENT LA PERFORMANCE EST-ELLE ÉVALUÉE ?

Un ou plusieurs instruments doivent être conçus pour fournir l'information que l'évaluation nationale cherche à obtenir. Tout comme les fins et les utilisations prévues des évaluations nationales, les instruments utilisés dans les évaluations et les modalités de communication des résultats varient.

Certaines évaluations nationales présentent les résultats selon les caractéristiques statistiques des scores aux épreuves, par exemple, le pourcentage moyen d'items auxquels les élèves ont répondu correctement et la distribution des scores autour de la moyenne. Ou bien l'échelle des résultats peut être ajustée à une moyenne (500, par exemple) et à un écart type (100, par exemple) arbitraires. Même si ces scores peuvent être utilisés pour comparer les performances de sous-groupes de l'échantillon, leur utilisation est limitée dans une évaluation nationale, principalement parce qu'ils en disent peu sur le niveau de connaissance de la matière des élèves ou les compétences réelles qu'ils ont acquises.

Pour résoudre ce problème et accroître la pertinence de leurs résultats pour les parties prenantes, un nombre croissant d'évaluations nationales cherche à exprimer les résultats de façon à montrer ce que les élèves connaissent ou non ainsi que les forces et les faiblesses dans leurs savoirs et savoir-faire. Cette approche implique un rapprochement entre les scores des élèves et la description des tâches qu'ils sont capables de réaliser (par exemple, « a tel niveau de compréhension de l'écrit » ou « peut effectuer des opérations mathématiques élémentaires »). Les performances peuvent être classées de différentes manières (par exemple, « satisfaisant » ou « insatisfaisant » ; « élémentaire », « compétent » ou « avancé »), et la proportion d'élèves ayant atteint chaque niveau peut être déterminée. Le rapprochement entre les scores des élèves et les niveaux de performance est une tâche complexe requérant l'avis de spécialistes des programmes de cours et d'analystes statistiques.

La façon dont les résultats seront décrits doit être prise en considération lors du développement des épreuves. Celui-ci doit par conséquent commencer par la spécification d'un cadre définissant les acquis attendus, suite à quoi, les items des épreuves peuvent être rédigés pour évaluer dans quelle mesure les élèves satisfont ces attentes. Si après avoir été testés, les items ne remplissent pas certains critères, notamment permettre une discrimination correcte entre les élèves, ils peuvent ne pas être repris dans l'instrument d'évaluation final. Il faut veiller à ce que l'évaluation reflète les objectifs clés des programmes de cours, même si aucun des élèves participant à l'essai des items n'est capable de les atteindre.

La plupart des instruments des évaluations nationales et internationales comprennent largement des questions à choix multiple. Celles-ci sont souvent complétées par des questions ouvertes demandant à l'élève d'écrire un mot, une expression ou une phrase. Des exemples de questions à choix multiple et de questions ouvertes sont respectivement fournis dans les encadrés 4.2 et 4.3.

Dans plusieurs évaluations nationales (par exemple, la NAEP aux États-Unis et la *National Assessment of English Reading* irlandaise) et internationales (par exemple, les enquêtes TIMSS et PISA), chaque élève n'est soumis qu'à une partie des items utilisés dans l'évaluation

---

ENCADRÉ 4.2

Exemples de questions à choix multiple

Domaine d'évaluation : Géographie

Le fleuve Volga se trouve en

A. Chine

B. Allemagne

C. Russie

D. Suède

Domaine d'évaluation : Mathématiques

Un phoque doit respirer lorsqu'il dort. Martin a observé un phoque pendant une heure. Au début de cette observation, le phoque a plongé au fond de la mer et s'est endormi. En huit minutes, il avait lentement flotté jusqu'à la surface et pris une inspiration. En trois minutes, il était de retour au fond de la mer, et tout le processus recommençait de manière très régulière. Après une heure, le phoque était

A. au fond de la mer ;

B. en train de remonter vers la surface ;

C. en train de respirer ;

D. en train de descendre.

Source : Exemple de mathématiques : OCDE, 2007. Reproduit avec autorisation.

> **ENCADRÉ 4.3**
>
> **Exemples de questions ouvertes**
>
> Domaine d'évaluation : Langue
>
> GRAND est le contraire de PETIT.
>
> Quel est l'opposé de
>
> RAPIDE _____   SOMBRE _____
> LOURD _____   VIEUX _____
>
> Domaine d'évaluation : Mathématiques
>
> Utilisez votre règle pour dessiner un rectangle d'un périmètre de 20 cm. Identifiez la largeur et la longueur du rectangle.

(voir A.8 dans l'annexe A ; B.1 et B.3 dans l'annexe B). Cette approche étend la couverture globale du programme par les épreuves, sans imposer un fardeau trop lourd à chaque élève. Elle permet également d'utiliser des passages plus longs (par exemple, une histoire courte ou un article de journal) pour l'évaluation de la compréhension de l'écrit. Dans d'autres évaluations, tous les élèves répondent à un même ensemble de questions. Un système où les élèves ne répondent qu'à une partie des questions présente certains avantages, mais aussi des inconvénients, en particulier pour les pays s'engageant dans un programme d'évaluation nationale. La gestion administrative (par exemple, l'impression et la distribution des carnets de test) est plus complexe, de même que la correction et la mise à l'échelle des scores, tandis que les analyses portant sur les données de chacun des élèves ou établissements peuvent être problématiques (voir Sofroniou et Kellaghan, 2004).

La question de la langue d'évaluation bénéficie généralement de moins d'attention qu'elle ne le mérite. Deux problèmes expliquent pourquoi. Premièrement, bien que dans de nombreux pays, de grands groupes minoritaires (et parfois majoritaires) suivent un enseignement donné dans une langue autre que leur langue maternelle, les élèves sont généralement évalués dans la langue d'enseignement. En Ouganda, par exemple, la grande majorité des élèves passent les épreuves dans leur seconde langue (voir A.9 dans l'annexe A).

De médiocres performances aux épreuves sont attribuées à cette pratique, de même que des progrès scolaires généralement insuffisants et des taux élevés d'abandon scolaire précoce (Naumann, 2005).

Un deuxième problème se pose lorsque les instruments d'évaluation doivent être traduits dans une ou plusieurs langues. Lorsque des comparaisons doivent être effectuées entre des performances évaluées dans différentes langues, l'analyse doit envisager la possibilité que certains écarts soient dus à des différences de difficulté des tâches d'évaluation liées à la langue. La question peut être en partie résolue en modifiant certains mots. Par exemple, dans une évaluation internationale réalisée en Afrique du Sud, des mots tels que « carburant » (« pétrole ») et « lampe de poche » (« torche ») ont été modifiés. Le Ghana a remplacé le mot « neige » par « pluie ». Une covariance des différences de langue et de facteurs culturels et économiques aggrave le problème, car il peut être difficile d'obtenir une formulation équivalente des questions et une même pertinence culturelle du contenu dans toutes les versions linguistiques d'une épreuve. Par exemple, un matériel adapté au contexte d'élèves des zones rurales – évoquant la chasse, le marché local, les activités agricoles et les jeux locaux – peut être peu familier pour les élèves vivant en milieu urbain.

Quels que soient les détails de la méthode d'évaluation, celle-ci doit fournir une information valide et fiable. La validité a plusieurs facettes, notamment l'adéquation de l'instrument d'évaluation à la représentation du construct (par exemple, la compréhension de l'écrit) ou du domaine du programme de cours (par exemple, les sciences sociales) identifié dans le cadre de l'évaluation. Le point de vue des spécialistes des programmes de cours a ici toute son importance. L'instrument d'évaluation doit, en outre, ne mesurer que ce qu'il est appelé à mesurer. Par exemple, une épreuve de mathématiques ou de sciences doit évaluer les savoirs et savoir-faire des élèves dans ces domaines, et non leur compétence en langue. La fiabilité des procédures d'évaluation concerne généralement la façon dont les différents items d'une épreuve couvrent l'ensemble du construct visé et, dans le cas des questions ouvertes, le degré d'accord sur la notation d'un ou plusieurs correcteurs.

Responsabilité de la détermination de la manière d'évaluer la performance : organisme d'exécution.

À QUELLE FRÉQUENCE LES ÉVALUATIONS SONT-ELLES EFFECTUÉES ?

la fréquence à laquelle une évaluation nationale est effectuée varie d'un pays à l'autre, allant d'une fois par an à tous les dix ans. On pourrait être tenté d'évaluer chaque année la performance dans les mêmes domaines du programme et au sein d'une même population, mais cette fréquence est non seulement inutile, mais aussi très coûteuse, lorsque le but est de suivre les niveaux nationaux. Aux États-Unis, la lecture et les mathématiques sont évaluées tous les deux ans et d'autres domaines moins fréquemment. Le Programme international de recherche en lecture scolaire (PIRLS) a laissé passer cinq ans entre la première et la deuxième administration (2001-2006). Au Japon, la performance dans les domaines de base du programme de cours a été évaluée tous les dix ans pour orienter la révision des programmes et des manuels scolaires (Ishino, 1995).

Lorsque l'objectif d'une évaluation est de rendre les enseignants, les établissements et même les élèves redevables de l'apprentissage, les tests peuvent être effectués chaque année. De plus, ce type d'évaluation étant axé tout autant sur la performance des individus que sur celle du système, tous les élèves scolarisés (ou la plupart d'entre eux) sont évalués. Ce système a été mis en œuvre au Chili et en Angleterre.

Par contre, si le but est uniquement de fournir de l'information sur la performance de l'ensemble du système, une évaluation basée sur un échantillon d'élèves, effectuée tous les trois à cinq ans dans un domaine déterminé du programme de cours semble convenir. Les systèmes d'éducation n'évoluant pas rapidement, des évaluations plus fréquentes ne seraient probablement pas en mesure d'enregistrer le changement. Des évaluations trop fréquentes limiteraient plus que probablement l'impact des résultats, tout en occasionnant des coûts superflus.

Responsabilité de la détermination de la fréquence d'évaluation : ministère de l'Éducation.

COMMENT EXPRIMER LA PERFORMANCE DES ÉLÈVES ?

Même si les décideurs préfèrent probablement des statistiques résumées, le caractère de toute évidence multidimensionnel de la performance suggère qu'un seul indice de performance, tel que le score total au test, peut masquer des informations importantes. Une approche alternative consiste à fournir une information différenciée, reflétant les forces et les faiblesses d'un programme de cours national. Cette information est encore plus utile si elle établit une distinction entre la connaissance des faits élémentaires par les élèves et des compétences et une compréhension plus approfondies ou d'un niveau plus élevé.

Une série de procédures a été utilisée pour décrire la performance des élèves aux évaluations nationales, ce qui reflète la richesse des données que celles-ci peuvent fournir (voir volume 5 de cette série, *Communiquer et utiliser les résultats d'une évaluation nationale des acquis scolaires*). La sélection d'une ou plusieurs procédures doit être guidée par les besoins d'information du ministère de l'Éducation et des autres parties prenantes.

Information de niveau item

Cette information implique un peu plus que l'expression pure et simple du pourcentage des élèves ayant correctement répondu aux différents items. Une évaluation nationale peut révéler que la majorité des élèves se sont montrés peu performants à un item de mathématique requérant l'utilisation d'indices ou que pratiquement tous les élèves ont réussi à associer des mots simples avec des images. Au Ghana, par exemple, seul 1 % des élèves a répondu correctement à une question sur la réfraction de la lumière, dans le cadre de l'enquête TIMSS (Ghana, ministère de l'Éducation, de la Jeunesse et des Sports, 2004). Bien que trop détaillées pour l'élaboration des politiques nationales, des informations de ce type sont susceptibles d'intéresser le personnel responsable des programmes de cours, les formateurs des enseignants et, éventuellement, les auteurs de manuels.

Performance dans les domaines du programme de cours

Les items peuvent être regroupés en unités ou domaines des programmes de cours, et les scores des tests peuvent être exprimés sous la forme de performance dans chacun de ces domaines. Les items de compréhension de l'écrit, par exemple, ont été classés suivant la capacité à retrouver des informations dans un texte, à effectuer des déductions à partir d'un texte, à interpréter et intégrer l'information, et à analyser et évaluer l'information du texte (Eivers et coll., 2005). La Figure 4.1 illustre comment le Lesotho a exprimé la performance en mathématiques par domaine de contenu.

Niveaux de performance

La performance aux évaluations nationales et internationales correspond à la proportion des élèves ayant atteint aux tests un niveau « élémentaire », « compétent » ou « avancé » dans un domaine du programme de cours. Le nombre de niveaux peut varier (voir A.2 dans l'annexe A pour une description des six niveaux de compétence en lecture utilisés dans une évaluation nationale au Vietnam et voir C.1 dans l'annexe C pour une description des huit niveaux de lecture et des huit niveaux de compétence en mathématiques utilisés dans le SACMEQ). La détermination des seuils entre les niveaux implique l'utilisation de données statistiques et de critères subjectifs.

FIGURE 4.1

Pourcentage moyen de scores corrects pour la performance des élèves en mathématiques, par domaine de contenu, Lesotho

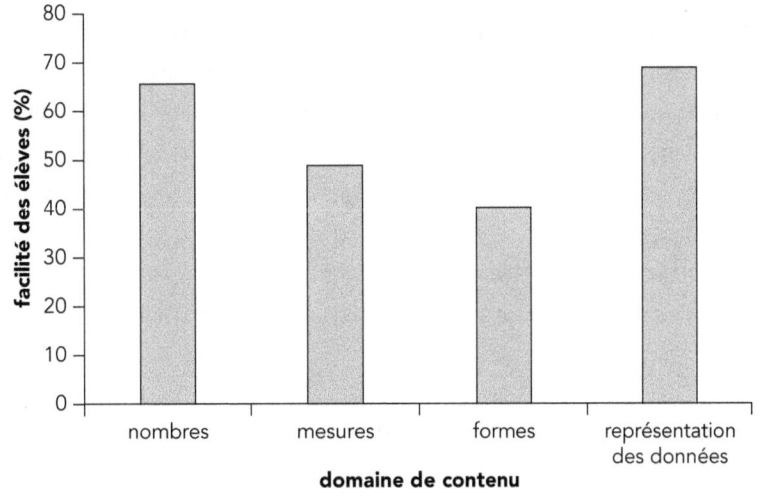

Source : Lesotho, Conseil des examens du Lesotho et Centre national de développement des programmes de cours, 2006.

TABLEAU 4.4

Pourcentage d'atteinte du niveau « adéquat » ou « avancé » par année d'études, Connecticut, 2006

Classe	Mathématiques		Lecture		Écriture	
	Niveau « adéquat » ou supérieur (%)	Niveau « avancé » ou supérieur (%)	Niveau « adéquat » ou supérieur (%)	Niveau « avancé » ou supérieur (%)	Niveau « adéquat » ou supérieur (%)	Niveau « avancé » ou supérieur (%)
3	56	22	54	17	61	22
4	59	22	58	16	63	22

Source : ministère de l'Éducation du Connecticut, 2006.

Niveau de maîtrise

Le niveau de maîtrise peut être basé sur un score global au test (par exemple, une réponse correcte à un certain pourcentage d'items). Au Sri Lanka, le niveau de maîtrise pour une évaluation nationale de la 4e année était fixé à 80 %. Moins de 40 % des élèves l'ont atteint en langue maternelle ou en mathématiques, et moins de 10 % en anglais (Perera et coll., 2004). Le niveau de maîtrise peut également être aligné sur un niveau de performance déterminé. Aux États-Unis, le Connecticut utilise cinq niveaux de performance (« insuffisant », « élémentaire », « compétent », « adéquat » et « avancé »). Le niveau « adéquat » est considéré comme un niveau d'attente difficile, mais raisonnable et est accepté comme niveau de maîtrise. Le tableau 4.4 montre que plus de la moitié des élèves de 3e et 4e années ont atteint le niveau « adéquat » ou « de maîtrise » dans les trois domaines du programme de cours.

Responsabilité de la détermination de la manière d'exprimer la performance des élèves : organisme d'exécution avec la contribution du CDN

QUELS SONT LES TYPES D'ANALYSES EFFECTUÉS ?

Certaines analyses sont dictées par les questions de politiques qui ont initialement motivé l'évaluation. La plupart des évaluations nationales fournissent des données sur la performance par sexe, région, zone urbaine ou rurale, appartenance à un groupe ethnique ou linguistique, et type d'établissement fréquenté (public ou privé). Certaines évaluations fournissent également des données sur la qualité des installations scolaires (par exemple, au Kenya). Les analyses utilisant ces variables sont relativement simples et intuitives pour les décideurs et les responsables des politiques. Elles ne reflètent toutefois pas de manière adéquate la complexité des données. Des formes d'analyse plus complexes sont nécessaires si l'on souhaite, par exemple, de l'information sur les facteurs scolaires et contextuels qui contribuent à la performance. La description de l'évaluation nationale vietnamienne (voir A.2 dans l'annexe A) comprend des exemples de l'utilisation de procédures statistiques complexes.

Les limites des analyses et les problèmes liés à la recherche des causes doivent être reconnus lorsque les études recueillent en même temps des données sur la performance et d'autres variables. Même s'il est difficile, voire impossible, de démêler les effets sur l'apprentissage des élèves de facteurs liés à la communauté, la famille et l'établissement, cette complexité n'a pas empêché certaines recherches d'interpréter de manière causale les données recueillies dans les évaluations nationales et internationales.

Responsabilité de la sélection des méthodes d'analyse statistique : organisme d'exécution.

COMMENT LES RÉSULTATS D'UNE ÉVALUATION NATIONALE SONT-ILS COMMUNIQUÉS ET UTILISÉS ?

Lorsque les résultats d'une évaluation nationale sont appelés à influencer la politique nationale d'éducation, ils doivent être communiqués aussi tôt que possible après la fin de l'analyse des données. Dans le passé, les rapports techniques présentant un volume considérable de données étaient généralement l'unique type de rapports disponible. Certains groupes d'utilisateurs (par exemple, les enseignants au Chili ; voir A.7 dans l'annexe A) les trouvaient toutefois exagérément techniques. Aujourd'hui, la nécessité de fournir d'autres formes de rapports est, par conséquent, de plus en plus reconnue. Il s'agit notamment de brefs rapports de synthèse centrés sur les principales constatations, destinés aux décideurs politiques la plupart du temps très occupés ; de communiqués de presse ; de rapports spéciaux pour la radio et la télévision ; et de rapports séparés pour les établissements, les enseignants, les concepteurs des programmes de cours et les formateurs des enseignants. Dans certains pays (par exemple, le Sri Lanka), des rapports distincts sont préparés pour chaque province. En Éthiopie, un rapport a été traduit dans quatre grandes langues. Les besoins d'information des parties prenantes doivent déterminer le contenu des rapports supplémentaires.

Pendant l'étape de planification, le ministère de l'Éducation doit prévoir des provisions budgétaires appropriées pour la préparation et la diffusion des rapports. En collaboration avec le comité directeur national, il doit également élaborer des procédures pour la communication des constatations des évaluations nationales aux parties prenantes. Les bonnes stratégies de communication des résultats doivent tenir compte du fait que l'aptitude à comprendre et à appliquer l'information statistique dans leur prise de décision varie considérablement selon les utilisateurs (qu'il s'agisse d'administratifs ou d'enseignants). La production de rapports est de toute évidence sans intérêt si l'information qu'ils contiennent n'est pas diffusée de façon adéquate. Une stratégie de diffusion est donc également indispensable pour qu'une information pertinente parvienne à toutes les parties prenantes. Elle doit identifier les utilisateurs potentiels (institutions et individus clés) et leurs niveaux d'expertise technique.

Les résultats des évaluations nationales ont été utilisés pour constituer des références pour le suivi des acquis scolaires (par exemple, au Lesotho), la réforme des programmes de cours, l'obtention de données de base sur la quantité et la qualité du matériel pédagogique dans les établissements (par exemple, au Vietnam), la détermination des corrélats de la performance, et l'identification des aspects du programme de cours non maîtrisés par les élèves. L'Uruguay, par exemple, a utilisé les résultats de son évaluation nationale pour aider à préparer des guides destinés aux enseignants et pour identifier le contenu et les domaines comportementaux des programmes, qui ont ensuite contribué à la définition d'un vaste programme de formation continue des enseignants (voir A.3 dans l'annexe A).

Le volume 5 de cette série, *Communiquer et utiliser les résultats d'une évaluation nationale des acquis scolaires*, comprend toute une section sur la rédaction des rapports et l'utilisation des résultats des évaluations nationales.

Responsabilité de la communication et de l'utilisation des résultats des évaluations nationales : organisme d'exécution, ministère de l'Éducation, CDN, prestataires de la formation des enseignants, autorité responsable des programmes de cours, enseignants.

QUELS SONT LES ÉLÉMENTS DE COÛT D'UNE ÉVALUATION NATIONALE ?

Le coût d'une évaluation nationale varie largement d'un pays à l'autre, en fonction des salaires du personnel et du coût des services. Au sein d'un même pays, le coût peut également varier, en fonction d'une partie ou de la totalité des facteurs suivants (Ilon, 1996).

- *Organisme d'exécution*. Les coûts varient selon que l'organisme d'exécution dispose des installations et de l'expertise requises, doit les renforcer ou faire appel à des consultants à temps plein ou partiel. Le coût des installations et de l'équipement à fournir, y compris des ordinateurs et des logiciels, doit également être pris en compte.
- *Contenu et mise au point de l'instrument*. Le coût ainsi que d'autres facteurs, tels que la validité et la facilité d'administration, doivent être considérés pour chacune des options de contenu et de forme de l'évaluation. La rédaction des questions à choix multiple est plus onéreuse que celle des questions ouvertes, mais leur correction est généralement moins coûteuse. Le coût de traduction des tests, questionnaires et manuels ainsi que de la formation des rédacteurs des items doit également être pris en compte.
- *Nombre d'établissements et d'élèves participants*. Une évaluation basée sur un recensement est évidemment plus coûteuse qu'une évaluation basée sur un échantillon. Les coûts augmentent si des données fiables sont requises pour certains secteurs du système (par exemple, les États ou les provinces). Le ciblage d'un niveau

d'âge est généralement plus coûteux que celui d'une année d'études, parce que les élèves d'un âge donné peuvent être répartis sur différentes années, ce qui exige un matériel d'évaluation et des séances de test supplémentaires.

- *Administration.* La collecte des données est habituellement la composante la plus coûteuse d'une évaluation nationale. Elle requiert le recueil d'informations auprès des écoles avant l'évaluation ; la conception, l'impression, l'emballage et l'expédition du matériel de test et des questionnaires ; et la mise en place d'un système pour l'administration des instruments. Les facteurs qui contribuent au coût global comprennent a) le nombre des établissements et des élèves participants ; b) les déplacements ; c) la difficulté d'accès aux établissements ; d) l'hébergement des enquêteurs (si nécessaire) ; et e) la collecte et le renvoi des tests et questionnaires remplis.
- *Correction, gestion et saisie des données.* Les coûts varient en fonction du nombre des établissements, élèves, enseignants et parents participant à l'évaluation ; du nombre de questions ouvertes ; de la correction manuelle ou automatique ; du nombre d'études de la fiabilité en fonction des correcteurs ; et de la qualité de l'administration et de la correction des épreuves.
- *Analyse.* Le coût des analyses dépend du type des procédures d'évaluation utilisées et de la technologie disponible pour la correction et l'analyse. Bien que la correction automatique soit généralement considérée comme moins coûteuse que la correction manuelle, tel n'est pas nécessairement le cas dans les pays où le coût de la technologie est élevé tandis que celui de la main-d'œuvre est faible.
- *Rapports.* La détermination des coûts doit tenir compte du fait que différentes versions d'un rapport seront nécessaires pour les décideurs politiques, les enseignants et le grand public, et doit également considérer la nature et l'étendue de la stratégie de diffusion des rapports.
- *Activités de suivi.* Des provisions budgétaires doivent éventuellement être constituées pour des activités telles que la formation continue des enseignants basée sur les constatations de l'évaluation nationale, des séances d'information des entités responsables des programmes de cours, et des analyses secondaires des données. Des provisions peuvent également être constituées pour combler

le manque de compétences dans des domaines d'expertise clés (par exemple, l'analyse statistique). Les probables augmentations salariales pendant la durée de l'évaluation (normalement, deux à trois ans), l'inflation et les événements inattendus (imprévus) doivent également être couverts par des provisions budgétaires.

Certaines évaluations nationales n'ont pas atteint leurs objectifs de base en raison d'un budget insuffisant. Bien que le budget global relève de la responsabilité du ministère de l'Éducation, des spécialistes de la budgétisation et des projets traitant des données à grande échelle doivent participer aux discussions budgétaires. Les fonctionnaires du ministère qui ne sont pas familiers des projets traitant des données à grande échelle sont peu susceptibles d'identifier la nécessité de prévoir un budget pour des activités telles que les tests pilotes et le nettoyage des données.

Les chiffres de l'évaluation NAEP des États-Unis fournissent une indication approximative des coûts : collecte des données (30 %), mise au point de l'instrument (15 %), analyse des données (15 %), rapports et diffusion (15 %), échantillonnage (10 %), traitement des données (10 %) et gouvernance (5 %) (Ilon, 1996). Dans certains pays, où, par exemple, les employés du ministère ou du conseil des examens se chargent de l'administration des épreuves dans le cadre de leurs fonctions habituelles, des provisions budgétaires spécifiques peuvent ne pas être prévues pour certaines activités. Les coûts et les salaires varient en fonction des conditions économiques nationales. Au Cambodge (qui ne fait pas partie des 100 premiers pays du classement mondial basé sur le revenu national brut), les rédacteurs des items percevaient l'équivalent de 5 dollars EU par jour en 2006.

Les pays disposant de ressources très limitées peuvent considérer comme déraisonnable d'en allouer à une évaluation nationale, en particulier lorsque leur système d'éducation comporte vraisemblablement de nombreux besoins non satisfaits. S'ils souhaitent malgré tout s'engager dans une activité d'évaluation nationale, ils seraient avisés de limiter le nombre des domaines évalués (éventuellement à un seul et dans une unique année d'études) et de solliciter l'assistance technique et l'appui de bailleurs de fonds.

En ce qui concerne les coûts, il est bon de garder à l'esprit que celui des programmes de responsabilisation en général, et des évaluations nationales en particulier, est très faible comparé à celui d'autres programmes d'éducation (voir Hoxby, 2002). Le coût de la *non-réalisation* d'une évaluation, et donc de la non-identification de ce qui fonctionne et ne fonctionne pas dans le système éducatif, est vraisemblablement beaucoup plus élevé que celui d'une évaluation. Le volume 3 de cette série, *Mettre en œuvre une évaluation nationale des acquis scolaires*, examine les questions liées à la détermination des coûts d'une évaluation nationale.

Responsabilité de l'estimation des coûts des composantes d'une évaluation nationale :

ministère de l'Éducation avec la contribution de consultants.

TABLEAU 4.5

Organismes ayant la responsabilité principale des décisions dans une évaluation nationale

Décision	Responsabilité principale			
	Ministère de l'Éducation	Comité directeur national	Organisme d'exécution	Autre
Orientation des politiques	•			
Exécution de l'évaluation nationale			•	
Administration des épreuves et questionnaires			•	
Sélection de la population à évaluer	•	•		
Choix entre un échantillon et la population complète	•			
Détermination de l'objet de l'évaluation	•	•	•	
Choix de la manière d'évaluer la performance			•	
Détermination de la fréquence d'évaluation	•			
Sélection des méthodes de production des rapports		•	•	
Détermination des procédures statistiques			•	
Identification des méthodes de communication et d'utilisation des résultats	•	•	•	•
Estimation des composantes de coût	•			•

RÉSUMÉ DES DÉCISIONS

Le tableau 4.5 identifie les organismes ayant la responsabilité principale des décisions liées aux 12 composantes d'une évaluation nationale qui ont été abordées dans ce chapitre.

CHAPITRE  5

ÉLÉMENTS À PRENDRE EN COMPTE DANS LA CONCEPTION, LA MISE EN ŒUVRE, L'ANALYSE, LA PRODUCTION DES RAPPORTS ET L'UTILISATION D'UNE ÉVALUATION NATIONALE

Dans ce chapitre, nous identifions un certain nombre de points importants pour la confiance que les parties prenantes peuvent avoir dans les résultats d'une évaluation nationale. Pour cinq composantes de l'évaluation nationale (conception, mise en œuvre, analyse des données, production des rapports, et diffusion et utilisation des résultats), nous suggérons un certain nombre d'activités qui amélioreront la confiance, qui, à son tour, devrait contribuer à une utilisation optimale des résultats. Pour chaque composante, nous identifions également les erreurs les plus communément commises dans les évaluations nationales et que les correcteurs doivent connaître et éviter.

CONCEPTION

La conception de l'évaluation définit les paramètres généraux de l'exercice : les performances à évaluer, l'année scolaire ou l'âge auquel les élèves seront évalués, les questions de politique à traiter et si l'évaluation portera sur l'effectif total ou un échantillon des élèves.

Activités recommandées

- Impliquer dès le départ les décideurs de haut niveau pour obtenir un soutien politique et aider à cadrer la conception de l'évaluation.
- Déterminer et traiter les besoins d'information des responsables des politiques lors de la sélection des aspects du programme de cours, des années d'études et des sous-groupes de la population (par exemple, région ou genre) à évaluer.
- Obtenir le soutien des enseignants en impliquant leurs représentants dans les décisions stratégiques liées à l'évaluation.
- Être conscient qu'associer des enjeux élevés à la performance des élèves peut entraîner une opposition des enseignants et un rétrécissement du programme de cours effectivement délivré en raison d'une concentration des enseignants sur les aspects qui seront évalués.

Erreurs communes

- Ne pas réserver une enveloppe financière suffisante pour les aspects essentiels d'une évaluation nationale, notamment la production des rapports et leur diffusion.
- Ne pas mettre en place un comité directeur national et ne pas l'utiliser comme une source d'information et d'orientation pendant l'évaluation nationale.
- Ne pas obtenir l'engagement des pouvoirs publics envers le processus d'évaluation nationale, avec pour conséquence a) une incapacité à identifier les questions de politique clés à prendre en compte lors de la conception de l'évaluation, b) l'absence d'un comité directeur national, ou c) des évaluations nationales séparées menées en parallèle (souvent soutenues par des donateurs extérieurs).

- Ne pas impliquer les principales parties prenantes (par exemple, les représentants des enseignants ou les formateurs des enseignants) dans la planification de l'évaluation nationale.
- Exclure de la population évaluée un sous-groupe susceptible de biaiser les résultats de l'évaluation (par exemple, les élèves des écoles privées ou des petites écoles).
- Fixer des objectifs irréalistes pour les scores aux épreuves (par exemple, une augmentation de 25 % dans les scores sur une période de quatre ans).
- Accorder trop peu de temps à la mise au point des tests.

MISE EN ŒUVRE

La mise en œuvre comprend un large éventail d'activités, allant de la mise au point d'instruments d'évaluation appropriés jusqu'à leur administration dans les établissements d'enseignement, en passant par la sélection des élèves appelés à participer.

Activités recommandées

- Décrire en détail le contenu et les acquis cognitifs ainsi que les variables contextuelles à évaluer.
- Confier l'élaboration des épreuves à des personnes connaissant à la fois les normes du programme de cours et les niveaux d'apprentissage des élèves (en particulier des enseignants en exercice).
- Utiliser des instruments d'évaluation estimant de façon adéquate les savoirs et savoir-faire au sujet desquels une information est requise, et capables de la détailler au niveau de sous-domaines (par exemple, la résolution de problèmes) plutôt que de fournir un score global.
- Concevoir des tests et questionnaires clairs et sans ambiguïté, et les présenter d'une manière limpide et attrayante.
- Veiller à ce que des procédures adéquates soient mises en place pour évaluer l'équivalence des versions en différentes langues, si les instruments doivent être traduits.
- Effectuer des essais pilotes des items, questionnaires et manuels.

- Examiner les items pour identifier les ambiguïtés et d'éventuels biais liés aux caractéristiques des élèves (par exemple, le genre, le lieu ou l'appartenance à un groupe ethnique), et procéder aux modifications ou suppressions nécessaires.
- Relire soigneusement les épreuves de l'ensemble du matériel.
- Établir des procédures pour assurer la sécurité de l'ensemble du matériel d'évaluation nationale (par exemple, les tests et les questionnaires) tout au long du processus d'évaluation, de manière à éviter qu'il ne tombe entre les mains de personnes non autorisées.
- S'assurer les services d'une personne ou d'une unité dotée d'une expertise en matière d'échantillonnage.
- Spécifier la population cible définie (la population qui servira effectivement de base à la constitution de l'échantillon, c'est-à-dire le cadre d'échantillonnage) et la population exclue (par exemple, des membres de la population trop difficiles à atteindre ou qui ne seraient pas en mesure de répondre à l'instrument). Des données précises sur les populations exclues doivent être fournies.
- S'assurer que l'échantillon proposé est représentatif et d'une taille suffisante pour fournir des informations sur les populations d'intérêt avec un niveau d'erreur acceptable.
- Sélectionner les membres de l'échantillon à partir du cadre d'échantillonnage en fonction des probabilités de sélection connues.
- Appliquer une procédure standard lors de l'administration des tests et questionnaires. Préparer un manuel d'administration.
- Veiller à ce que les administrateurs de test aient une solide connaissance du contenu des épreuves, des questionnaires et des manuels ainsi que des procédures administratives.
- Préparer et mettre en place un mécanisme d'assurance qualité pour, entre autres, la validation des tests, l'échantillonnage, l'impression, l'administration des épreuves, et la préparation des données.

Erreurs communes

- Assigner des tâches d'élaboration des épreuves à des personnes qui ne connaissent pas les niveaux probables de performance des élèves (par exemple, des universitaires), et obtenir ainsi des épreuves trop difficiles.

- Ne pas refléter correctement le programme de cours dans les épreuves, par exemple, en n'intégrant pas certains de ses aspects importants.
- Ne pas mener des tests pilotes des items ou les effectuer sur un échantillon non représentatif de la population.
- Utiliser un nombre insuffisant d'items dans la version définitive de l'épreuve.
- Ne pas fournir une définition claire du construct évalué (par exemple, la compréhension de l'écrit).
- Inclure un nombre insuffisant d'items exemplatifs pour les élèves qui ne sont pas familiers avec le format des épreuves.
- Ne pas encourager les élèves à demander des éclaircissements au superviseur de l'épreuve avant de la passer.
- Ne pas avertir à temps les imprimeurs des épreuves, questionnaires et manuels.
- Accorder une attention insuffisante à la relecture des épreuves, questionnaires et manuels d'administration avant l'impression finale.
- Utiliser des données nationales sur les élèves inadéquates ou obsolètes ou un nombre inapproprié d'établissements pour l'échantillonnage.
- Ne pas appliquer des procédures d'échantillonnage appropriées, notamment la sélection d'un pourcentage prédéterminé d'établissements (par exemple, 5 %).
- Ne pas former correctement les administrateurs de test aux épreuves et questionnaires.
- Autoriser une intervention extérieure (par exemple, le principal assis dans la salle de classe) pendant l'administration du test.
- Permettre aux étudiants de s'asseoir les uns près des autres pendant l'évaluation (encourage la tricherie).
- Ne pas parvenir à créer une culture de travail en dehors des heures normales lorsque cela s'avère nécessaire pour achever des tâches clés dans les temps.

ANALYSE

Les analyses statistiques organisent, résument et interprètent les données recueillies dans les établissements. Elles doivent aborder les questions de politique identifiées lors de la conception de l'évaluation nationale.

Activités recommandées

- S'assurer des services statistiques compétents.
- Élaborer un manuel de codage avec des instructions spécifiques pour la préparation des données à analyser.
- Vérifier et nettoyer les données pour éliminer les erreurs (par exemple, liées aux chiffres, les scores hors limite, et les incohérences entre les données recueillies à différents niveaux).
- Calculer les erreurs d'échantillonnage, en tenant compte des complexités de l'échantillon, telles que la stratification et le regroupement.
- Pondérer les données pour que la contribution des différents secteurs de l'échantillon aux scores de performance agrégés reflète leur part dans la population cible.
- Identifier le pourcentage des élèves ayant atteint les niveaux ou normes acceptables définis.
- Analyser les données d'évaluation pour identifier les facteurs susceptibles d'expliquer les variations dans les niveaux de performance des élèves afin d'éclairer l'élaboration des politiques.
- Analyser les résultats par domaine du programme de cours. Fournir de l'information sur les sous-domaines (par exemple, les aspects de la compréhension de l'écrit, des mathématiques).
- Reconnaître qu'une variété de mesures, de programmes de cours, et de facteurs sociaux peut expliquer la performance des élèves.

Erreurs communes

- Utiliser des analyses statistiques inappropriées, notamment ne pas pondérer les données de l'échantillon dans l'analyse.
- Baser les résultats sur un petit nombre (par exemple, une minorité des enseignants échantillonnés qui aurait répondu à une question particulière).
- Opposer les performances des élèves dans différents domaines du programme de cours, et prétendre que les élèves réussissent

mieux dans un domaine en se basant sur les différences moyennes de scores.
- Ne pas mettre l'accent sur le caractère arbitraire des seuils choisis pour délimiter les niveaux de performance (par exemple, la maîtrise par rapport à la non-maîtrise, la réussite par rapport à l'échec), dichotomiser les résultats, et ne pas reconnaître la diversité des scores au sein d'un groupe.
- Ne pas signaler les écarts types associés aux statistiques individuelles.
- Déterminer et publier les classements des établissements sur la base des résultats aux tests de performance sans tenir compte des facteurs contextuels clés qui contribuent au classement. Des classements différents apparaissent lorsque les performances des établissements sont comparées à l'aide de scores non ajustés, de scores ajustés aux facteurs contextuels (par exemple, le pourcentage des élèves issus de milieux socioéconomiques pauvres), et de scores ajustés aux performances antérieures.
- Trouver une relation de cause à effet là où elle ne se justifie pas forcément (par exemple, en attribuant les différences dans les acquis à une unique variable, comme l'administration privée des établissements ou la taille des classes).
- Comparer les résultats des épreuves de deux périodes données bien que des items non équivalents aient été utilisés.
- Comparer les résultats des épreuves de deux périodes données sans signaler dans quelle mesure d'importantes conditions contextuelles (par exemple, le programme de cours, les inscriptions, les revenus du ménage, ou des troubles civils) peuvent avoir changé dans l'intervalle. Bien que la plupart des variables liées à l'éducation n'aient pas tendance à changer rapidement sur une courte période (par exemple, de trois à quatre ans), certains pays ont adopté des politiques qui ont abouti à des changements majeurs dans les inscriptions. À la suite de la suppression des frais de scolarité, par exemple, le nombre des élèves inscrits à l'école a considérablement augmenté au Malawi et en Ouganda.
- Limiter l'analyse à une liste de scores moyens des régions géographiques ou administratives.

PRODUCTION DES RAPPORTS

La réalisation d'une évaluation nationale a peu d'intérêt si les résultats ne sont pas clairement rapportés en gardant à l'esprit les besoins des différentes parties prenantes.

Activités recommandées

- Produire les rapports en temps opportun en gardant à l'esprit les besoins des clients et en les présentant dans un format facile à comprendre par les parties intéressées, en particulier celles en mesure de prendre des décisions.
- Établir les rapports sur les résultats par genre et par région, si la conception de l'échantillonnage le permet.
- Fournir une information adéquate dans le rapport ou dans un manuel technique afin de permettre la reproduction de l'évaluation.

Erreurs communes

- Rédiger des rapports trop techniques.
- Ne pas mettre en évidence un certain nombre de conclusions majeures.
- Faire des recommandations concernant une variable spécifique, même si l'analyse remet en question la validité des données liées à cette variable.
- Ne pas relier les résultats de l'évaluation aux questions relatives au programme de cours, aux manuels et à la formation des enseignants.
- Ne pas reconnaître que des facteurs sur lesquels les enseignants et les établissements n'ont aucun contrôle contribuent à la performance des élèves.
- Ne pas reconnaître que certaines différences entre les scores moyens ne sont pas statistiquement significatives.
- Produire le rapport trop tard pour influencer les décisions politiques.

- Faire un examen trop approfondi de la documentation dans le rapport d'évaluation.
- Ne pas communiquer aux différentes parties prenantes les messages clés du rapport qui les intéressent.

DIFFUSION ET UTILISATION DES RÉSULTATS

Il est important que les résultats des évaluations nationales ne restent pas sur les étagères des décideurs politiques, mais soient communiqués dans un langage approprié à tous ceux qui peuvent avoir un impact sur la qualité de l'apprentissage des élèves.

Activités recommandées

- Fournir les résultats aux parties prenantes, en particulier les décideurs politiques et les gestionnaires clés.
- Utiliser les résultats pour l'élaboration des politiques et l'amélioration de l'enseignement et des programmes de cours.

Erreurs communes

- Ignorer les résultats lors de l'élaboration des politiques.
- Pour les parties prenantes clés (par exemple, les formateurs des enseignants ou le personnel chargé des programmes de cours), ne pas prendre en compte les implications des conclusions de l'évaluation nationale.
- Pour l'équipe d'évaluation nationale, ne pas réfléchir aux enseignements tirés de l'expérience et ne pas en tenir compte dans les évaluations de suivi.

CHAPITRE

ÉVALUATIONS INTERNATIONALES DE LA PERFORMANCE DES ÉLÈVES

Ce chapitre décrit les évaluations internationales de la performance des élèves utilisées par de nombreux pays pour obtenir des données pour une évaluation nationale. Nous commençons par leurs principales caractéristiques en évoquant leurs similitudes et différences avec les évaluations nationales. Nous parlons ensuite de l'accroissement de l'activité d'évaluation internationale. Puis le chapitre identifie les avantages des évaluations internationales ainsi que les problèmes qui y sont associés.

Une évaluation internationale de la performance des élèves ressemble à bien des égards à une évaluation nationale. Les deux exercices appliquent des procédures similaires (pour l'élaboration de l'instrument, l'échantillonnage, la correction et l'analyse). Leurs objectifs peuvent également être similaires : a) déterminer la qualité de l'apprentissage au sein du système éducatif ; b) identifier les forces et les faiblesses des savoirs et savoir-faire acquis par les élèves ; c) comparer les performances de sous-groupes de la population (définis, par exemple, par le genre ou le lieu) ; ou d) déterminer la relation entre la performance des élèves et une série de caractéristiques de l'environnement scolaire, familial et communautaire. En outre, les deux exercices peuvent tenter d'établir si la performance des élèves évolue dans le temps (Kellaghan et Greaney, 2004). En pratique, les raisons motivant la participation d'un pays à une évaluation internationale ne sont toutefois pas toujours claires (Ferrer, 2006).

Le principal avantage d'une évaluation internationale par rapport à une évaluation nationale est que la première a pour objectif de fournir aux décideurs politiques, aux éducateurs et au public de l'information sur leur système éducatif par rapport à un ou plusieurs autres systèmes (Beaton et coll., 1999 ; Husén, 1973 ; Postlethwaite, 2004). Cette information est supposée exercer une pression sur les décideurs et les responsables des politiques en faveur d'une amélioration des services. En principe, elle doit également contribuer à une meilleure compréhension des facteurs (variables d'un pays à l'autre) qui influencent les différences dans la performance des élèves.

La compréhension de l'écrit, les mathématiques et les sciences sont les domaines d'études qui ont attiré les plus hauts taux de participation aux études internationales au fil des ans. Des études ont été menées dans les cycles primaire et secondaire. Habituellement, le choix des participants est déterminé par une combinaison de classe et d'âge (par exemple, les élèves de deux années adjacentes comptant les plus fortes proportions d'élèves de 9 et 13 ans ; les élèves des années rassemblant la plupart des enfants de 9 ans et la plupart de ceux de 14 ans ; la plus élevée des deux années adjacentes comptant le plus d'élèves de 9 ans). Dans une autre étude internationale, les élèves d'un âge donné ont été sélectionnés (15 ans).

Les résultats des évaluations internationales, telles que les Tendances de l'enquête internationale sur les mathématiques et les sciences (TIMSS – *Trends in International Mathematics and Science Study*) et le Programme international pour le suivi des acquis des élèves (PISA), et des évaluations régionales peuvent et ont été utilisés pour préparer des rapports nationaux séparés sur la performance au niveau des pays. Des bases de données internationales sont accessibles pour mener à bien ce type d'analyses.

L'utilisation des résultats des évaluations internationales et nationale dans l'élaboration des politiques varie considérablement d'un pays à l'autre. De nombreux pays industrialisés mènent leurs propres évaluations nationales tout en participant à des évaluations internationales. Les États-Unis ont leur propre *National Assessment of Educational Progress* pour les 4e, 8e et 12e années, et participe également à des évaluations internationales de la performance. Certains pays industrialisés participent à des évaluations internationales sans toutefois réaliser des évaluations nationales (la Fédération de Russie et l'Allemagne, par exemple). De même, certains pays en développement utilisent des évaluations internationales pour réaliser leur unique forme d'évaluation nationale (Braun et Kanjee, 2007). Bon nombre des pays les plus pauvres du monde ne font ni l'un ni l'autre, même si la situation a évolué au cours des dernières années.

ACCROISSEMENT DE L'ACTIVITÉ D'ÉVALUATION INTERNATIONALE

L'activité d'évaluation internationale a commencé lorsqu'un groupe de chercheurs s'est réuni en 1958 pour envisager la possibilité d'entreprendre l'étude de résultats mesurés et de leurs déterminants dans et entre les systèmes éducatifs (Husén et Postlethwaite, 1996). Depuis lors, plus de 60 pays ont participé à des études internationales de la performance dans un ou plusieurs domaines d'études : la compréhension de l'écrit, les mathématiques, les sciences, l'écriture, la littérature, les langues étrangères, l'éducation civique et l'informatique. Les évaluations internationales les plus connues sont l'enquête TIMSS (voir B.1 dans l'annexe B) et le Programme international de recherche en lecture scolaire (PIRLS) (voir B.2 dans l'annexe B) de l'Association internationale pour l'évaluation du rendement scolaire (IEA – *International Association for the Evaluation of Educational Achievement*), ainsi que le Programme international pour le suivi des acquis des élèves (PISA) (voir B.3 dans l'annexe B) de l'Organisation de coopération et de développement économiques (OCDE). Des évaluations régionales de la performance en compréhension de l'écrit et en mathématiques ont été réalisées en Afrique australe et orientale (voir C.1 dans l'annexe C), en Afrique francophone (voir C.2 dans l'annexe C), et en Amérique latine (voir C.3 dans l'annexe C). Le tableau 6.1 (voir aussi B.1 et B.3 dans l'annexe B) reprend un certain nombre de différences entre les enquêtes TIMSS et PISA.

TABLEAU 6.1

Comparaison des enquêtes TIMSS et PISA

	TIMSS 2003	PISA 2003	
Buts	Fournir des données comparatives sur la façon dont les élèves maîtrisent le contenu du programme de cours officiel en mathématiques et en sciences, commun à un certain nombre de pays. Suivre l'évolution des niveaux de performance au cours du temps. Suivre l'attitude des élèves envers les mathématiques et les sciences. Examiner la relation entre la performance et une série de facteurs pédagogiques et scolaires. (La compréhension de l'écrit est couverte par une évaluation PIRLS séparée.)	Fournir des données comparatives sur le « rendement » du système scolaire dans les principaux pays industrialisés et évaluer dans quelle mesure les étudiants peuvent appliquer leurs savoirs et savoir-faire en compréhension de l'écrit, mathématiques et sciences à des situations du monde réel. Suivre l'évolution des niveaux de performance et de l'équité dans les acquis au cours du temps. Suivre les approches d'apprentissage et l'attitude des élèves à l'égard des mathématiques, des sciences et de la compréhension de l'écrit. Fournir une base de données pour l'élaboration des politiques.	
Cadre	Déterminé par des spécialistes du contenu de certains pays participants.	Déterminé par des spécialistes du contenu de certains pays participants.	
Population cible	4ᵉ et 8ᵉ années	Élèves de 15 ans.	
Adéquation par rapport au programme de cours	Conçu pour évaluer le programme de cours officiel organisé autour de domaines d'études reconnus et communs aux pays participants.	Conçu pour évaluer l'aptitude des élèves à exploiter les savoirs et savoir-faire acquis à la fois à l'école et en dehors d'elle, dans des situations personnelles, éducatives, professionnelles, publiques et scientifiques.	
Différences de contenu des items (mathématiques, 8ᵉ année)	8ᵉ année, répartition des items : • Nombres, 30 % • Algèbre, 25 % • Données, 15 % • Géométrie, 15 % • Mesure, 15 %	Mathématiques, concepts majeurs : • Quantité • Espace et formes • Variations et relations • Incertitude	Répartition des items : • Nombres, 31,8 % • Géométrie, 21,2 % • Statistiques, 21,2 % • Fonctions, 10,6 % • Mathématiques discrètes, 5,9 % • Probabilité, 5,9 % • Algèbre, 3,5 %

(suite)

TABLEAU 6.1 *(suite)*

	TIMSS 2003	PISA 2003
Processus cognitifs	8ᵉ année : • Résolution de problèmes de routine, 40 % • Utilisation de concepts, 20 % • Connaissance des faits et des procédures, 15 % • Raisonnement, 25 %	Répartition des items : • Connexion, 47 % • Reproduction, 31 % • Réflexion, 22 %
Types d'items (mathématiques)	Environ deux tiers d'items à choix multiple, le reste étant des items à réponses construites ou ouvertes.	Environ un tiers d'items à choix multiple, le reste étant généralement des items à réponses construites fermées (une seule réponse correcte possible) ou ouvertes (plus d'une réponse correcte possible).
Fréquence	Tous les quatre ans : même accent sur les mathématiques et les sciences dans chaque cycle.	Tous les trois ans : couverture complète d'un domaine (matière) tous les neuf ans (compréhension de l'écrit en 2000, mathématiques en 2003 et sciences en 2006), plus une couverture moindre des deux autres tous les trois ans.
Couverture géographique	48 pays : 20 pays à revenu élevé, 26 pays à revenu intermédiaire et 2 pays à faible revenu.	30 pays de l'OCDE ainsi que 11 autres pays.
Analyse	Quatre niveaux de comparaison et un score moyen, basés sur l'ensemble des pays participants.	Sept niveaux de compétence et un score moyen en mathématiques, basés sur les pays de l'OCDE.

Source : Cadres TIMSS et PISA ; *U.S. National Center for Education Statistics* s.d. ; base de données des indicateurs du développement dans le monde.

Le nombre des pays participant à des études internationales a augmenté au fil des ans. Alors que jusqu'aux années 1980, moins de 20 pays y prenaient habituellement part, les études sur la lecture scolaire de l'IEA ont vu leur nombre de participants passer à 32 en 1991. En 2003, l'enquête TIMSS a attiré 52 pays et celle du PISA 41 (30 États membres de l'OCDE et 11 pays « partenaires »). Les études internationales réalisées au cours des dernières années ont en outre accordé une attention accrue au suivi de la performance au cours du temps. Les trois grandes évaluations internationales actuelles

(TIMSS, PIRLS et PISA) sont administrées de manière cyclique et sont désormais décrites comme des études « de tendances ».

La participation des pays non industrialisés aux évaluations internationales est généralement faible. Néanmoins, tout comme le nombre des pays qui y participent, le nombre des pays non industrialisés augmente avec les années. L'enquête TIMSS en a attiré le plus grand nombre en 2003 (sept pays d'Afrique) et 2007 (six pays d'Afrique). Comme c'est généralement le cas dans les études internationales, les pays non industrialisés manifestent un plus grand intérêt pour une participation aux enquêtes sur les mathématiques et la compréhension de l'écrit que pour celles portant sur d'autres domaines.

Le récent accroissement de la participation aux études internationales peut être attribué à la mondialisation, à une tendance de la santé et de l'éducation à comparer leurs services avec ceux d'autres pays et, à un intérêt pour les mandats mondiaux. Certaines données issues de la recherche soutiennent l'idée que la qualité de l'éducation (en particulier ses aspects représentés par les performances en mathématiques et en sciences) joue un rôle important dans la croissance économique, même si le phénomène n'est pas absolument constant dans tous les pays ou dans le temps (Coulombe, Tremblay et Marchand, 2004 ; Hanushek et Kimko, 2000 ; Hanushek et Wössmann, 2007 ; Ramirez et coll., 2006). Quelle qu'en soit la raison, la politique de l'éducation à travers le monde met de plus en plus l'accent sur la nécessité de suivre la performance agrégée des élèves dans un contexte international.

AVANTAGES DES ÉVALUATIONS INTERNATIONALES

Une série de raisons est avancée pour encourager les pays à participer à une évaluation internationale de la performance des élèves. La plus évidente est peut-être le fait que les études internationales fournissent un cadre de comparaison au sein duquel la performance des élèves et la délivrance des programmes de cours peuvent être évaluées dans un pays et où des procédures pour corriger les défauts décelés peuvent être conçues (Straus, 2005). La comparaison des résultats de différents pays permet à chacun d'eux de se servir des constats de l'évaluation pour déterminer ce qui est réalisable, la manière dont la performance est distribuée et les relations existant entre la performance moyenne et sa distribution. Par exemple, une performance moyenne élevée peut-elle cacher d'importantes disparités ? Les résultats de l'enquête PISA suggèrent que la chose est possible.

Les données sur la performance ne fournissent qu'une information limitée. Un des avantages souvent avancés pour les évaluations internationales est qu'elles tirent parti de la diversité des systèmes éducatifs, élargissant ainsi la gamme des conditions étudiées au-delà de celles existant dans chaque pays (Husén, 1973). Sur cette base, l'analyse des données recueillies dans ces études examine systématiquement les associations entre la performance et un large éventail de variables contextuelles. Celui-ci comprend le contenu du programme de cours, le temps consacré au travail scolaire, la formation des enseignants, la taille des classes et l'organisation du système éducatif. La valeur des études internationales est clairement renforcée dans la mesure où celles-ci fournissent aux chercheurs et décideurs une information permettant d'émettre des hypothèses pour expliquer les différences de performance des élèves entre les pays. Les études constituent également une base pour l'évaluation des politiques et des pratiques.

Les évaluations internationales ont la capacité de mettre en lumière les concepts permettant de comprendre l'éducation qui ont été négligés dans un pays (par exemple, dans la définition de la littératie ou dans la conceptualisation des programmes de cours, en ce qui concerne l'intention, la mise en œuvre et la performance ; voir, par exemple, Elley, 2005). Les évaluations peuvent également aider à identifier et à remettre en question des hypothèses éventuellement tenues pour acquises (par exemple, la valeur d'un enseignement généraliste plutôt que sélectif, l'association entre des classes plus petites et une performance plus élevée, ou l'avantage du redoublement pour les élèves).

Les études internationales sont susceptibles d'attirer l'attention des médias et d'un large éventail de parties prenantes telles que les décideurs, les responsables des politiques, les universitaires, les enseignants et le public. Les différences de niveaux de performance entre les pays sont évidentes dans les statistiques descriptives publiées dans les rapports des études. Elles sont, en effet, généralement mises en évidence dans les « palmarès » des pays en fonction de leur niveau moyen de performance. Les données comparatives fournies par ces études ont un « effet-choc » plus prononcé que les résultats d'une évaluation nationale. De mauvais résultats peuvent encourager le débat, qui, à son tour, peut aider les responsables des politiques et autres décideurs à justifier un appui budgétaire accru au secteur de l'éducation, en particulier si de médiocres résultats sont associés à un faible niveau des dépenses dans l'éducation.

Une caractéristique importante de l'évaluation internationale est qu'elle fournit des données que chaque pays peut utiliser pour effectuer en interne des analyses pour ce qui peut, en fait, devenir un rapport d'évaluation nationale. Cette pratique est adoptée par les pays participant aux enquêtes PISA (voir B.3 dans l'annexe B) et du Consortium de l'Afrique australe et orientale pour le pilotage de la qualité de l'éducation (SAQMEQ – *Southern and Eastern Africa Consortium for Monitoring Educational Quality*) (voir C.1 dans l'annexe C). Elle est améliorée lorsqu'en plus des données recueillies pour l'étude internationale, des données liées à des questions d'intérêt ou préoccupations spécifiques au pays sont également recueillies.

La participation aux évaluations internationales présente un certain nombre d'avantages pratiques, en particulier pour les pays dont les universités n'ont pas la capacité de développer le type de compétences nécessaires pour les évaluations nationales. Premièrement, un organisme central peut effectuer au niveau national des analyses utilisables dans les rapports de chaque pays. Deuxièmement, les études peuvent contribuer à renforcer la capacité locale dans une variété d'activités techniques telles que l'échantillonnage, la définition de la performance, la mise au point des épreuves, l'analyse statistique et la rédaction de rapports. Troisièmement, les besoins en personnel et les coûts (par exemple, pour la mise au point de l'instrument, le nettoyage des données et l'analyse) peuvent être plus faibles que dans les évaluations nationales parce qu'ils sont partagés avec d'autres pays.

Une étude de l'effet de l'enquête TIMSS sur l'enseignement et l'apprentissage des mathématiques et des sciences dans les pays participants prouve la diversité des activités qu'une étude internationale peut engendrer (Robitaille, Beaton et Plomp, 2000) :

- Les résultats de l'enquête TIMSS ont été utilisés dans les débats parlementaires sur les changements prévus dans la politique de l'éducation (Japon).
- Le ministre de l'Éducation a mis en place un groupe de travail sur les mathématiques et les sciences (Nouvelle-Zélande).
- Le président a ordonné la mise en œuvre d'un « plan de sauvetage » pour améliorer les performances en sciences et en mathématiques (avec une attention particulière à la formation des enseignants) (Philippines).
- Des références nationales ont été constituées en littératie et numératie (Australie).
- Les résultats ont contribué à la définition de nouvelles normes éducatives en mathématiques et en sciences (Fédération de Russie).
- Les résultats ont aidé à faire évoluer la nature des débats publics sur l'éducation, qui de discussions fondées sur des opinions se sont transformés en discussions fondées sur des faits (Suisse).
- Les résultats ont inspiré l'élaboration d'un matériel didactique basé sur l'analyse des mauvaises compréhensions et erreurs des élèves apparaissant fréquemment dans leurs réponses à l'enquête TIMSS (Canada).
- Les résultats ont accéléré les changements dans la révision des programmes de cours (République tchèque, Singapour).
- Les résultats de l'enquête TIMSS ont été identifiés comme l'un des facteurs influant sur les changements de politique dans l'enseignement des mathématiques (Angleterre).
- Des comités ont été formés pour réviser les programmes de mathématiques et de sciences (Koweït).
- De nouveaux sujets ont été ajoutés au programme de mathématiques (Roumanie).
- Un nouveau contenu relié à des situations de la vie réelle a été introduit dans les programmes de mathématiques et de sciences (Espagne).
- Les résultats ont souligné la nécessité d'améliorer l'équilibre entre les mathématiques pures et les mathématiques dans un contexte (Suède).

- Les conclusions de l'enquête TIMSS ont mis en évidence les croyances relatives aux différences entre les sexes et les attitudes négatives vis-à-vis des sciences et des mathématiques, et ont servi de base à une réforme des programmes de cours et à la formation continue des enseignants (République de Corée).
- Les résultats ont influencé les conclusions des discussions sur l'amélioration de la formation des enseignants et l'attention qui doit lui être accordée (Islande).
- Les résultats de l'enquête TIMSS ont conduit à des mesures renforçant la formation continue des enseignants en mathématiques et en sciences (Norvège, États-Unis).
- Un système d'examen centralisé a été créé, en partie en réponse aux résultats de l'enquête TIMSS (Lettonie).
- Les conclusions de l'enquête TIMSS ont influencé des changements majeurs dans l'enseignement, l'organisation des écoles et des classes, la formation des enseignants et la définition d'objectifs pour les écoles (Écosse).
- Les conclusions de l'enquête TIMSS ont affecté la recherche pédagogique, la définition des normes, l'élaboration des documents des programmes de cours, les études des enseignants, les méthodes d'enseignement des mathématiques et des sciences et la rédaction des manuels scolaires (République slovaque).

Les résultats de l'analyse des données de l'enquête PISA ont permis de :

- Jeter le doute sur la valeur d'une utilisation intensive des ordinateurs en salle de classe pour l'amélioration des performances.
- Souligner le fait que le niveau de la dépense nationale dans l'éducation n'est pas associé aux performances (dans les pays participants).
- Ouvrir un débat de politique général sur l'éducation (Allemagne).
- Contribuer à l'élaboration du programme de sciences pour l'enseignement secondaire (Irlande).
- Mettre en évidence la complexité de la relation entre le statut socioéconomique et la performance en compréhension de l'écrit à travers les pays.

- Souligner le lien entre la performance et les types d'écoles ainsi que le suivi des programmes de cours dans les écoles.
- Étayer l'idée que les écoles publiques et privées ont tendance à avoir les mêmes effets sur les mêmes types d'élèves, mais que les établissements privés subventionnés sont relativement plus efficaces pour les élèves des niveaux socioéconomiques inférieurs.
- Souligner la nécessité de programmes intensifs de langue et de compréhension de l'écrit pour les élèves nés à l'étranger, afin de stimuler la performance (Suisse).

PROBLÈMES LIÉS AUX ÉVALUATIONS INTERNATIONALES

Malgré des avantages évidents, un certain nombre de problèmes liés aux évaluations internationales méritent un examen avant que les pays ne décident d'y participer (voir Kellaghan, 1996).

Tout d'abord, il est difficile de concevoir une procédure d'évaluation capable de mesurer de manière adéquate les résultats d'une variété de programmes de cours. Même s'il existe des points communs à travers le monde, en particulier au niveau de l'enseignement primaire, il subsiste néanmoins des différences considérables entre les pays dans le contenu enseigné, le moment où il est dispensé et les normes de performance attendues.

L'examen des items de l'enquête TIMSS en Afrique du Sud montre que seuls 18 % des items scientifiques correspondaient au programme national de la 7e année et 50 % à celui de la 8e année (Howie et Hughes, 2000). Plus la différence est grande entre les programmes et les niveaux de performance des pays participant à une évaluation internationale, plus il est difficile de mettre au point une procédure d'évaluation qui conviendra à tous les pays, et plus la validité des déductions tirées de la comparaison des performances est douteuse.

On peut s'attendre à ce qu'un test de performance établi sur le contenu d'un programme de cours national fournisse une mesure de la maîtrise de ce programme plus valable que celle produite par un test conçu pour être le dénominateur commun des programmes de 30 à 40 pays. Par exemple, l'autorité nationale responsable des programmes de cours et les concepteurs d'une évaluation internationale peuvent pondérer de manière très différente un savoir-faire tel que l'aptitude à tirer des déductions d'un texte. Contrairement à une évaluation internationale, une évaluation nationale peut également tester les aspects des programmes de cours propres à chaque pays.

La conception d'un instrument d'évaluation commun est plus difficile pour certains domaines d'études (par exemple, les sciences et les études sociales) que pour d'autres (par exemple, la compréhension de l'écrit). Dans le cas des sciences, par exemple, les profils de performance se sont avérés plus hétérogènes qu'en mathématiques. En outre, un plus grand nombre de facteurs sont nécessaires pour expliquer les différences de performance des élèves en sciences qu'en mathématiques. Il est donc difficile d'envisager une épreuve de sciences appropriée pour une variété de systèmes d'éducation.

Un deuxième problème lié aux évaluations internationales est que l'ambitieux objectif des premières études de tirer parti de la diversité des systèmes éducatifs pour évaluer l'importance relative d'une série de ressources scolaires et processus pédagogiques différents s'est, en fait, avéré très difficile à atteindre dans la pratique. L'effet relatif des variables dépendant de leur contexte, les pratiques associées à une performance élevée dans un pays ne mènent pas nécessairement à une relation similaire dans un autre. En fait, la force des corrélations entre les facteurs contextuels et la performance s'est avérée variable d'un pays à l'autre (voir, par exemple, OCDE et Institut de statistiques de l'UNESCO, 2003 ; Wilkins, Zembylas et Travers, 2002). Les pays en développement rencontrent des difficultés lorsqu'ils s'engagent dans une étude conçue pour les pays industrialisés, parce que leurs facteurs socioéconomiques peuvent être très différents et comprendre notamment la pauvreté, les facteurs nutritionnels et de santé ainsi que de médiocres infrastructures et ressources éducatives.

Troisièmement, il se peut que les populations et échantillons d'élèves participant aux évaluations internationales ne soient pas strictement comparables. Par exemple, des différences de performance peuvent être dues à la manière dont les pays éliminent certaines catégories d'élèves de l'effectif des classes ordinaires et les excluent par conséquent de l'évaluation (par exemple, les élèves participant à des programmes spéciaux ou ceux des écoles où la langue d'enseignement diffère de la langue de l'évaluation). Le problème est plus évident lorsque a) l'âge d'inscription à l'école, b) la rétention et c) les taux d'abandon scolaire diffèrent d'un pays à l'autre, et il se pose tout particulièrement dans les études auxquelles participent des pays industrialisés et en développement. Dans certains pays en développement, une forte proportion des élèves a abandonné l'école bien avant la fin de la scolarité obligatoire. En Europe occidentale et Amérique du Nord, les taux nets de scolarisation à l'école primaire atteignent presque 100 %, alors qu'ils sont, en moyenne, inférieurs à 60 % dans les pays d'Afrique subsaharienne (UNESCO, 2002). Les schémas d'abandon scolaire précoce peuvent varier d'un pays à l'autre. Dans les pays arabes et d'Amérique latine, les garçons sont plus susceptibles que les filles de ne pas terminer la 5e année tandis qu'on observe l'inverse dans certains pays africains (par exemple, la Guinée et le Mozambique). Des problèmes d'échantillonnage pour l'enquête TIMSS sont survenus en République du Yémen, où plusieurs écoles n'avaient pas de classe de 4e année et où une école pour les enfants nomades n'a pas pu être localisée.

Des problèmes de comparabilité similaires peuvent survenir dans une évaluation nationale. Par exemple, le différentiel de performance des élèves dans les États de l'Inde a été attribué à la différence de taux de survie (voir A.1 dans l'annexe A).

Quatrièmement, parce que la variation des scores au test de performance est un facteur important lorsqu'il s'agit a) de décrire de manière adéquate la performance des élèves dans le système éducatif et b) de déterminer les corrélats de la performance, des épreuves nationales soigneusement conçues doivent assurer une distribution relativement large des scores. De nombreux items des évaluations internationales s'avèrent toutefois trop difficiles pour les élèves des pays moins industrialisés, entraînant une variance restreinte des scores. Ce résultat se reflète dans les données présentées dans le tableau 6.2, qui sont fondées sur une sélection de pays ayant participé à l'enquête TIMSS 2003.

Les données indiquent le pourcentage des élèves de 8e année ayant atteint les niveaux ou les références de performance par rapport à l'ensemble des élèves ayant participé aux épreuves : 7 % des

TABLEAU 6.2

Pourcentage des élèves de 8ᵉ année ayant atteint les niveaux TIMSS internationaux en mathématiques : Pays ayant obtenu des scores élevé et faible

Pays	Avancé[a]	Élevé[a]	Intermédiaire[a]	Faible[a]
Singapour	44	77	93	99
Taïwan	38	66	85	96
Corée, Rép. de	35	70	90	98
Moyenne internationale	**7**	**23**	**49**	**74**
Philippines	0	3	14	39
Bahreïn	0	2	17	51
Afrique du Sud	0	2	6	10
Tunisie	0	1	15	55
Maroc	0	1	10	42
Botswana	0	1	7	32
Arabie saoudite	0	0	3	19
Ghana	0	0	2	9

Source : Mullis et coll., 2004, 64.

a. Définitions utilisées dans l'enquête TIMSS 2003 : *Avancé* : Les élèves sont capables d'organiser l'information, de faire des généralisations, de résoudre des problèmes non routiniers et de tirer des conclusions à partir des données et de les justifier. *Élevé* : Les élèves sont capables d'appliquer leur compréhension et leurs connaissances dans une grande variété de situations relativement complexes. *Intermédiaire* : Les élèves sont capables d'appliquer les connaissances de base en mathématiques dans des solutions simples. *Faible* : Les élèves ont quelques connaissances de base en mathématiques.

participants à l'épreuve de mathématiques ont atteint le niveau international « avancé », 23 % le niveau « élevé », presque la moitié le niveau « intermédiaire » et environ les trois quarts le niveau « faible ». À l'opposé, 2 % des élèves ghanéens ont atteint le niveau « intermédiaire » et 9 % le niveau « faible », avec 0 % dans les niveaux « avancé » et « élevé ».

De même, dans l'enquête PISA 2003, l'utilisation limitée de l'évaluation pour l'élaboration de politiques internes a été soulignée par le manque de variation des scores obtenus dans un certain nombre de pays participants ; la majorité des élèves de 15 ans au Brésil, en Indonésie et en Tunisie ont obtenu un score inférieur au niveau 1. (Le niveau 2 était proposé comme exigence minimale pour les élèves entrant dans le monde du travail ou poursuivant leurs études.) De toute évidence, ces enquêtes fournissent aux responsables des politiques et aux décideurs une information limitée sur l'éventail des performances des élèves dans leurs systèmes éducatifs. En outre, en raison de la variance limitée de la performance, les corrélations entre celle-ci et les variables contextuelles ou scolaires n'apportent que peu d'éclaircissement sur les facteurs contribuant à la performance.

Cinquièmement, un problème se pose lorsque la première préoccupation des rapports sur les résultats d'une évaluation internationale est de classer les pays sur la base des scores moyens de leurs élèves, habituellement le principal intérêt des médias. En elles-mêmes, les positions dans le classement ne nous disent rien sur les nombreux facteurs qui peuvent sous-tendre les différences de performance entre les pays. Elles peuvent également être trompeuses lorsque la signification statistique des différences moyennes de performance est ignorée. La position d'un pays peut varier en fonction des pays participants, une considération importante lorsque les classements sont comparés dans le temps. Par exemple, si le nombre de pays traditionnellement performants diminue et que celui des pays traditionnellement peu performants augmente, un pays peut progresser dans le classement sans que cela implique nécessairement une amélioration de sa performance.

Sixièmement, une performance médiocre dans une évaluation internationale (aussi bien que nationale) peut représenter un risque politique pour les hauts collaborateurs de l'État associés à l'enseignement, y compris les ministres et secrétaires des ministères de l'Éducation. Le risque peut être encore plus grand lorsque la position internationale d'un pays est inférieure à celle d'un pays traditionnellement rival. Dans certains pays où les données ont été collectées, les autorités ont refusé que les résultats soient repris dans des comparaisons entre pays destinées à être publiées. (L'IEA ne permet plus aux pays participants de se retirer des comparaisons.) Le recueil de données comparatives semble plus approprié pour des pays voisins ou les pays d'une même région que pour des pays du monde entier, dont le niveau de développement socioéconomique varie largement. On trouve un exemple de cette approche en Amérique latine et dans les Caraïbes, où 13 pays ont effectué conjointement une évaluation des compétences de base en langue et en mathématiques en 1997 (voir C.3 dans l'annexe C).

> **ENCADRÉ 6.1**
>
> **Expérience de l'Afrique du Sud en matière d'évaluations internationales**
>
> L'expérience de l'Afrique du Sud en matière d'enquête TIMSS met en évidence les problèmes auxquels sont confrontés les responsables de la mise en œuvre des évaluations internationales. Les délais imposés par les organisateurs peuvent être difficiles, voire impossibles, à respecter lorsque les services de distribution du courrier, les services du téléphone ou les fonds pour les déplacements vers les écoles sont insuffisants.
>
> Les autres problèmes comprennent le manque de données précises sur la population des écoles ; de faibles compétences en gestion ; une attention insuffisante aux détails, en particulier dans l'édition, le codage et la saisie des données ; un manque de financement pour soutenir les collaborateurs du projet ; et la difficulté à obtenir une impression de qualité en temps voulu. Les instructions destinées aux administrateurs de test (par exemple, monter et descendre l'allée) sont manifestement inappropriées lorsque les salles de classe n'ont pas d'allée.
>
> *Source* : Howie, 2000.

Les évaluations du SACMEQ réalisées dans les années 1990 en Afrique australe et orientale, sous les auspices d'un réseau de ministères ont permis des comparaisons internationales au niveau régional (voir C.1 dans l'annexe C).

Septièmement, le respect des délais peut s'avérer très difficile dans les pays manquant de personnel administratif et confrontés à de médiocres infrastructures de communication (voir encadré 6.1). Le temps imparti pour l'exécution de certaines tâches associées à une évaluation internationale (par exemple, l'impression ou la distribution des carnets) peut être jugé raisonnable dans les pays industriels, mais s'avérer insuffisant dans de nombreux pays en développement compte tenu des problèmes de base qui y existent, notamment la faiblesse des systèmes de communication.

Enfin, la participation à une étude internationale nécessite des coûts importants. Un pays participant à une enquête TIMSS pour la 8e année doit débourser 40 000 dollars EU en plus de tous les coûts associés à l'impression, la distribution, l'administration des épreuves, la saisie des données et la correction. Les coûts associés aux évaluations nationales sont, bien sûr, eux aussi considérables.

CHAPITRE  CONCLUSION

Les lecteurs qui nous ont accompagnés jusqu'ici sont maintenant familiarisés avec les principales caractéristiques des évaluations nationales et internationales, leurs similitudes et différences, les raisons d'entreprendre une évaluation et les problèmes à résoudre au cours du processus. Ils ont également une compréhension générale des principales activités requises, à savoir l'identification des questions clés de politiques, la mise au point des instruments, la sélection des établissements et des élèves pour représenter le système éducatif, l'analyse des données décrivant les performances des élèves et leurs corrélats, et la communication des résultats à différentes audiences. Des connaissances et compétences spécialisées sont nécessaires pour toutes ces tâches.

Si le lecteur est un décideur politique de haut niveau ou un responsable du ministère de l'Éducation, il ou elle a peu de chances d'avoir l'une des connaissances ou compétences spécialisées nécessaires à la réalisation d'une évaluation nationale. Cela ne signifie pas qu'il ou elle n'a pas un rôle crucial à jouer dans l'évaluation – depuis son lancement et sa conception générale jusqu'à la facilitation de sa mise en œuvre et à l'interprétation et utilisation de ses conclusions. Dans le présent chapitre, nous portons une attention particulière au rôle du décideur ou du responsable dans le développement et l'institutionnalisation de l'activité d'évaluation nationale ainsi que l'utilisation optimale des résultats des évaluations.

Les décideurs de haut niveau et les responsables en position de prendre des décisions sur l'opportunité d'entreprendre une évaluation nationale (ou de participer à une évaluation internationale) doivent être convaincus que l'information qui sera ainsi fournie sera utile pour identifier les problèmes du système éducatif et éclairer les politiques et pratiques visant ces problèmes. Leur engagement devrait être amélioré si l'évaluation remplit cinq conditions.

Premièrement, les performances des élèves qui sont évaluées sont considérées comme d'importants résultats de la scolarisation, reflétant correctement le programme de cours. Deuxièmement, l'instrument utilisé dans l'évaluation a la capacité de fournir des informations diagnostiques sur les aspects de la performance des élèves, en particulier les forces et faiblesses du profil de performance. Troisièmement, la méthode d'échantillonnage (si l'évaluation est basée sur un échantillon) garantit que les données recueillies représentent correctement les performances de l'ensemble du système éducatif (ou d'une partie clairement identifiée de celui-ci). Quatrièmement, des analyses appropriées sont utilisées pour identifier et décrire les principales caractéristiques des données, y compris les relations entre les variables significatives. En cinquième lieu, les aspects techniques de l'évaluation répondent aux normes professionnelles en vigueur dans des domaines tels que la mise au point des épreuves, l'échantillonnage et l'analyse statistique.

Toutes ces activités nécessitent des ressources et un soutien politique considérables. Par exemple, le décideur ou le responsable a un rôle crucial à jouer en s'assurant de la disponibilité des connaissances et compétences nécessaires à la conception, la gestion et l'interprétation d'une évaluation nationale. Dans de nombreux pays, elles ne seront pas disponibles au niveau local et devront être développées spécifiquement pour réaliser une évaluation. Ce développement nécessitera des programmes de formation initiale à court ou long terme. Après ces programmes, il faudra prévoir d'accroître les compétences techniques des personnes impliquées dans l'administration régulière d'une évaluation nationale, à l'aide de programmes locaux de formation, d'une participation à des réunions professionnelles et d'études supérieures à plus long terme.

Dans certains pays, l'activité d'évaluation nationale semble fonctionner en marge du système éducatif, en divorce complet avec la structure et les processus normaux d'élaboration des politiques et de prise de décision. En pareil cas, il n'y a aucune garantie que l'information tirée d'une évaluation sera utilisée pour orienter les politiques ou que des évaluations nationales seront réalisées à l'avenir pour suivre l'évolution des performances dans le temps. Pour éviter ces problèmes, l'activité d'évaluation nationale doit faire partie intégrante du fonctionnement du système éducatif. Elle nécessite l'implication active de certains décideurs de haut niveau dans la conception globale de l'évaluation et dans la participation ou la représentation au comité directeur national. Il lui faut aussi un budget suffisant et une décision sur la localisation de l'activité, qui varie d'un pays à l'autre en fonction des conditions locales.

L'engagement à long terme des pouvoirs publics est très important dans la constitution d'une base institutionnelle solide pour la réalisation d'évaluations nationales régulières. Il peut permettre à un organisme de recruter et former des personnes ayant une expertise clé dans des domaines tels que l'élaboration des épreuves, l'échantillonnage et l'analyse statistique. Un faible engagement peut entraîner l'affectation des évaluations nationales à différents organismes, une stratégie qui ne fait rien ou pas grand-chose pour renforcer l'expertise technique faisant cruellement défaut dans les disciplines concernées. Dans plusieurs pays, des organismes multiples ont effectué des évaluations nationales séparées, en utilisant une série d'approches d'une valeur limitée pour l'élaboration des politiques éducatives.

Dans certains cas, l'engagement des pouvoirs publics peut être accru lorsqu'une unité au sein du ministère (bénéficiant d'une ligne dans le budget de l'éducation) effectue l'évaluation. Au Chili, par exemple, l'engagement des pouvoirs publics et leur réactivité par rapport aux résultats du *Sistema de Medición de la Calidad de la Educación* (SIMCE) ont augmenté lorsque l'évaluation nationale a été transférée d'une université au ministère. L'évaluation annuelle, la communication des résultats en temps opportun et une appréciation de la valeur des résultats pour l'élaboration des politiques ont contribué à renforcer la légitimité du SIMCE, à institutionnaliser son travail et à assurer un engagement et un appui à long terme supplémentaires des autorités nationales. Dans d'autres pays d'Amérique latine, des instituts d'évaluation, indépendants du ministère de l'Éducation, ont réussi à se faire une réputation de compétence et d'autonomie qui leur a permis de réaliser des évaluations avec une flexibilité et une cohérence remarquables (Ferrer, 2006).

À elle seule, l'institutionnalisation n'est pas suffisante mais elle contribue probablement à ce que ne s'installe pas une situation dans laquelle les résultats des évaluations nationales n'atteignent pas les fonctionnaires occupant des postes clés. Des efforts doivent également être consacrés à la mise en place de procédures pour la communication des résultats aux parties prenantes intérieures et extérieures au ministère.

En plus des fonctionnaires, les résultats des évaluations nationales intéressent également les personnes chargées de la définition des programmes de cours, les entités responsables des examens, les formateurs des enseignants et les enseignants dans leur pratique quotidienne à l'école. La réponse aux besoins d'information de ces diverses audiences nécessite la production d'un certain nombre de rapports et l'adoption de stratégies de diffusion différentes. Celles-ci doivent identifier les utilisateurs potentiels (institutions et individus clés) et leur niveau d'expertise technique. Un rapport technique est certes nécessaire (avec suffisamment d'information pour permettre une reproduction de l'étude), mais les données techniques doivent également être traduites dans des formats accessibles aux non-techniciens, à présenter dans un rapport de synthèse (destiné au grand public, par exemple) ou dans un rapport plus détaillé destiné aux responsables des politiques. Ces formats peuvent par exemple montrer a) si un groupe donné est mal desservi par le système, b) si des défaillances requièrent des mesures correctives, et c) si les facteurs associés à une performance supérieure peuvent être identifiés.

Dans de nombreux pays, l'élaboration des politiques tend à être influencée par les priorités politiques et les perceptions des ministres et hauts fonctionnaires. Elle est fréquemment inspirée par des expériences personnelles, une information anecdotique et des pressions politiques. Elle est beaucoup trop rarement éclairée par les résultats d'une analyse de données valides et fiables sur le fonctionnement du système éducatif, tels que ceux fournis par une évaluation nationale correctement conçue et mise en œuvre.

Les décideurs politiques doivent faire preuve de leadership en s'assurant que les données objectives et fiables sur le fonctionnement du système éducatif fournies par l'évaluation nationale soient utilisées pour améliorer la qualité générale de l'élaboration des politiques. Ils peuvent le faire en réfléchissant à la pertinence des résultats de l'évaluation nationale pour l'élaboration des politiques dans des domaines tels que l'égalité des sexes et l'équité régionale, la fourniture du matériel pédagogique aux écoles, les qualifications des enseignants et l'offre d'une formation continue aux enseignants. Ils peuvent se demander si les changements introduits depuis la précédente évaluation nationale ont affecté la performance des élèves. Ils peuvent encourager les prestataires de la formation (initiale et continue) des enseignants à étudier les résultats et à adapter les pratiques actuelles lorsque les données indiquent un besoin d'ajustement. Les décideurs peuvent également conseiller les autorités responsables des programmes de cours sur les modifications à apporter à leur contenu lorsque les données montrent clairement que les élèves trouvent la matière beaucoup trop facile ou, plus probablement, trop difficile.

Une implication étroite des décideurs, au départ, dans la conception générale de l'évaluation et ensuite, après la fin de l'évaluation dans la discussion de la pertinence des résultats peut les aider à apprécier la valeur d'une évaluation nationale. Avec le temps, on peut espérer que les décideurs politiques parviendront à considérer l'évaluation nationale comme un instrument clé d'élaboration des politiques.

Une brève description des pratiques d'évaluation nationale dans neuf pays est fournie dans l'annexe A. Elle n'est pas exhaustive et les cas ne sont pas présentés comme des modèles parfaits de bonnes pratiques. Certains aspects techniques de plusieurs d'entre elles présentent, en fait, des défauts, mais elles révèlent cependant des similitudes et différences d'approche qui sont dignes d'intérêt. Les similitudes sont notamment le fait que, dans tous les pays, les évaluations portaient sur le langage/la littératie et les mathématiques/la numératie à un ou plusieurs niveaux du primaire. Dans tous les pays, les évaluations ont été réalisées sur des échantillons. Le Chili et l'Uruguay ont également réalisé des évaluations auxquelles la population des écoles a participé.

Une des différences entre les pays est la fréquence de l'évaluation, qui va d'un à quatre ans. Les organismes chargés de la mise en œuvre de l'évaluation diffèrent également et comprennent le ministère de l'Éducation, un institut de recherche soutenu par l'État et un bureau national des examens. L'organisme d'exécution bénéficie d'un important appui extérieur dans plusieurs pays. Dans au moins deux d'entre eux (Chili et Afrique du Sud), l'organisme d'exécution a changé entre les évaluations.

La façon de décrire la performance des élèves va de la simple expression de la moyenne et de la distribution du nombre d'items auxquels les élèves ont correctement répondu, jusqu'à la détermination du pourcentage des élèves dont la performance a atteint les normes « attendues » ou du score en pourcentage à différents niveaux de « compétence ». Les méthodes d'analyse varient elles aussi considérablement, reflétant probablement la capacité technique des équipes d'évaluation nationale. Des approches d'analyse sophistiquées sont utilisées dans certains pays (par exemple, les États-Unis et le Vietnam).

L'utilisation des résultats des évaluations semble très variable, bien qu'il soit difficile de tirer des conclusions dans la mesure où la plupart des pays disposent de peu d'information sur la diffusion des résultats ou l'efficacité de leur contribution à l'élaboration des politiques. Tout comme pour la description des différences liées au genre, certains pays utilisent les résultats d'évaluations nationales pour soutenir les actions suivantes :

- Émettre des recommandations de politiques pour le secteur de l'éducation (Sri Lanka, Vietnam).
- Documenter les disparités régionales de performance (Népal, Afrique du Sud, Sri Lanka).
- Concevoir un important programme de formation continue pour les enseignants (Uruguay).
- Fournir des formes d'appui financier et autre aux écoles peu performantes (Chili).
- Porter à la connaissance des enseignants les forces et faiblesses de la performance des élèves (Ouganda).

- Décrire l'évolution de la performance des élèves des groupes minoritaires au cours du temps (États-Unis).
- Proposer une réduction de l'importance de l'algèbre et de la géométrie dans les programmes de cours (Bhoutan).

Les personnes impliquées dans la conception d'une évaluation nationale pourraient être intéressées par certaines des pratiques quelque peu inhabituelles présentées dans les évaluations décrites dans l'annexe A :

- Lancer une campagne de sensibilisation du public avant l'évaluation (Chili).
- Recueillir, en même temps que celles sur les performances des élèves, des données permettant un suivi de l'amélioration des installations scolaires au cours du temps (Vietnam).
- Administrer les épreuves à la fois aux enseignants et aux élèves (Inde, Vietnam).
- Réaliser l'évaluation en étroite collaboration avec les syndicats d'enseignants (Uruguay).

L'Annexe B décrit les principales caractéristiques des trois études internationales actuelles, à grande échelle, couvrant le monde entier. Elles portent sur la compréhension de l'écrit/littératie, les mathématiques/numératie, et les sciences (trois domaines de savoirs et savoir-faire vraisemblablement considérés dans tous les pays comme « fondamentaux » dans l'éducation des élèves). Ces trois études s'intéressent également au suivi de la performance des élèves au cours du temps.

Le niveau de compétence technique est très élevé dans les études internationales et les pays peuvent améliorer leurs connaissances et compétences en y participant. Comme nous l'avons vu, de nombreux pays utilisent également les données recueillies dans une évaluation internationale pour effectuer des analyses au niveau national et utiliser en fait l'évaluation internationale comme une évaluation nationale. Cette procédure peut être enrichie si l'information contextuelle nationale est recueillie en plus de celle requise pour l'étude internationale.

La conception des études internationales est très semblable à celle d'une évaluation nationale, à la différence que l'évaluation sera réalisée dans un certain nombre de pays. Les instruments d'évaluation peuvent donc ne pas convenir de manière égale à tous les pays, soit parce qu'ils ne correspondent pas totalement aux programmes de cours (qui diffèrent d'un pays à l'autre) soit parce qu'ils ne reflètent pas correctement l'éventail des performances des élèves (qui peut considérablement varier d'un pays à l'autre). Deux approches ont été adoptées pour traiter les différences dans les programmes de cours. Dans les Tendances de l'enquête internationale sur les mathématiques et les sciences (TIMSS – *Trends in International Mathematics and Science Study*) (B.1 dans l'annexe B), comme dans les études antérieures menées sous les auspices de l'Association internationale pour l'évaluation du rendement scolaire (IEA – *International Association for the Evaluation of Educational Achievement*), les épreuves sont préparées en recherchant un consensus entre les pays participants, en vue de l'intégration des éléments communs de leurs programmes dans les tests. L'approche du Programme international pour le suivi des acquis des élèves (PISA) (B.3 dans l'annexe B) n'a pas été de fonder les instruments d'évaluation sur une analyse des programmes de cours, mais d'utiliser une opinion « experte » pour déterminer les savoirs et savoir-faire que les jeunes de 15 ans devraient avoir acquis en fin de scolarité obligatoire s'ils veulent participer pleinement à la société.

Le fait que la performance des élèves est liée aux moyens de développement économique du pays a pour conséquence que les évaluations conçues pour les pays industrialisés (tels que les enquêtes TIMSS et PISA) sont peu susceptibles de fournir une description satisfaisante des performances dans un pays en développement. Pour résoudre ce problème, des études régionales ont été conçues pour les pays moins industrialisés et trois de ces études (deux en Afrique et une en Amérique latine) sont décrites dans l'annexe C. Elles servent à la fois d'évaluations nationales et internationales.

ANNEXE A — ÉTUDES DE CAS DE DIFFÉRENTS PAYS

A.1. INDE

Objectif. Une évaluation a été mise au point pour aider le gouvernement de l'Inde à fournir à chacun des États des données de référence sur la qualité de l'éducation. Elle faisait partie du programme *Sarva Shiksha Abhiyan* (SSA) du gouvernement, qui visait à instaurer la scolarisation universelle jusqu'à la fin de l'enseignement primaire pour 2010. Des évaluations de performance à grande échelle avaient été précédemment effectuées dans des districts scolaires désignés dans le cadre du Projet d'enseignement primaire de district du gouvernement (Prakash, Gautam et Bansal, 2000). Les scores moyens en mathématiques et en langue ont été comparés par district, matière et année d'études. L'évaluation a conclu que les élèves étaient meilleurs en langue et que la performance moyenne dans l'échantillon des élèves plus âgés n'était pas aussi bonne que celle des élèves des classes inférieures. Au sein des districts, la plupart des différences entre les garçons et les filles en mathématiques et en langue n'étaient pas statistiquement significatives. Outre cette évaluation à l'échelle des districts, une évaluation à grande échelle a été réalisée dans 22 États au début des années 1990 (Shukla et coll., 1994).

Fréquence. Tous les trois ans.

Années d'études. L'évaluation de la 5ᵉ année a été administrée en 2001–2002. Les élèves de 3ᵉ année et de l'année terminale de l'enseignement primaire (qui varie d'un État à l'autre) ont également été évalués.

Performance évaluée. Langue et mathématiques.

Responsable de l'administration ? Le Conseil national pour la recherche et la formation pédagogiques de Delhi, avec l'appui des Instituts d'enseignement des districts, qui ont supervisé la collecte des données.

Échantillon ou population. Échantillon.

Analyse. Scores des élèves de 5ᵉ année rapportés pour chaque État, en pourcentage des items auxquelles les élèves ont répondu correctement.

Utilisation des résultats. Les résultats des élèves de 5ᵉ année ont montré de petits écarts de performance entre les sexes ainsi qu'entre les zones rurales et urbaines. Les données seront utilisées pour suivre l'évolution des acquis scolaires et identifier les facteurs éducatifs et non éducatifs qui contribuent à expliquer les différences de performance entre les élèves.

Éléments intéressants. Une évaluation antérieure à grande échelle couvrant 22 États a fait passer la même épreuve aux enseignants et aux élèves. Dans un État où le score moyen des élèves était très bas, seul un des 70 enseignants soumis à l'épreuve a répondu correctement aux 40 questions d'arithmétique. Parmi tous les enseignants, 10 % ont répondu correctement à moins de la moitié des questions (Shukla et coll., 1994).

L'évaluation nationale sera utilisée pour suivre l'effet de l'initiative SSA. Contrairement à ceux de la plupart des autres évaluations nationales, les scores sont exprimés en pourcentage des items auxquelles les élèves ont correctement répondu. Les États ayant des niveaux de performance particulièrement faibles sont supposés bénéficier d'une attention spéciale. Certains États ayant une tradition de forte fréquentation scolaire (par exemple, le Kerala et l'Himachal Pradesh) ont enregistré des scores moyens relativement faibles à l'évaluation des élèves de 5e année, alors que certains des États affichant des taux de fréquentation scolaire relativement bas (par exemple, le Bihar, l'Odisha et le Bengale-Occidental) obtenaient de meilleurs scores. Ce résultat, également enregistré à l'évaluation précédente de 22 États, s'explique par le fait que dans ces derniers, les élèves des échantillons soumis aux épreuves étaient généralement des « rescapés » du système éducatif, bon nombre des élèves les plus défavorisés au niveau de leur environnement familial et de leurs niveaux d'aptitudes ayant déjà abandonné l'école avant la 5e année.

Source : Inde, Conseil national pour la recherche et la formation pédagogiques, Département de la mesure et de l'évaluation dans l'éducation, 2003.

A.2. VIETNAM

Objectif. Mesurer la qualité de l'enseignement en mettant particulièrement l'accent sur la performance des élèves au niveau primaire.

Fréquence. Des évaluations précédentes à petite échelle avaient été réalisées entre 1998 et 2000 pour les 3e et 5e années, mais elles ne convenaient pas pour fournir des informations de référence permettant de suivre les tendances dans le temps.

Année d'études. 5e.

Performance évaluée. Compréhension de l'écrit en vietnamien et mathématiques en 2001.

Instruments. Tests de performance ; questionnaires destinés aux élèves, enseignants et établissements scolaires.

Responsable de l'administration ? Le ministère de l'Éducation et de la Formation, soutenu par d'autres organismes nationaux et une équipe internationale appuyée par la Banque mondiale et le Département pour le développement international du Royaume-Uni.

Échantillon ou population. L'échantillon a été conçu pour être représentatif de la population nationale et des populations de chacune des 61 provinces.

Analyse. Les analyses comprenaient des tableaux croisés par région des données de performance et des données des établissements, les corrélats de la performance, l'analyse des facteurs, la modélisation des données des items de l'épreuve par la méthode de la réponse à l'item, et la modélisation linéaire hiérarchique pour l'identification des facteurs associés à la performance.

Utilisation des résultats. Sur la base des résultats, les fonctionnaires ont formulé 40 recommandations pour les politiques.

Éléments intéressants. Des items tirés de l'Étude sur la lecture scolaire, menée en 1991 par l'Association internationale pour l'évaluation du rendement scolaire (Elley, 1992, 1994), ont été utilisés pour comparer les résultats avec ceux d'autres pays. Les mêmes épreuves ont été administrées aux enseignants et aux élèves ; 12 % des élèves ont obtenu de meilleurs scores que 30 % des enseignants. Moins de 3 % des établissements scolaires disposaient des ressources scolaires obligatoires (par exemple, bibliothèque, eau courante). Plus de 80 % des élèves étaient dans des salles de classe disposant de ressources minimales (tableau, craie, etc.), tandis que 10 % avaient des enseignants qui n'avaient pas achevé l'école secondaire.

Six niveaux de compétence ont été définis en fonction de la performance des élèves à l'épreuve de lecture :

- *Niveau 1*. Établit la correspondance entre des mots ou des phrases simples et des images. Réduit à un vocabulaire limité de mots liés à des images.
- *Niveau 2*. Localise un texte exprimé sous forme de phrases brèves et répétitives et peut traiter un texte sans l'aide d'images. Le texte est limité à de courtes phrases et à des expressions présentant des modèles répétitifs.
- *Niveau 3*. Lit et comprend des passages plus longs. Peut rechercher des informations en parcourant le texte vers l'avant ou l'arrière. Comprend les paraphrases. L'étendue du vocabulaire permet de

comprendre des phrases d'une structure présentant une certaine complexité.
- *Niveau 4*. Relie l'information de différentes parties du texte. Sélectionne et associe du texte pour comprendre et déduire différentes significations possibles.
- *Niveau 5*. Relie les déductions et identifie l'intention de l'auteur à partir d'une information donnée de différentes manières, dans différents types de textes et sous une forme non explicite.
- *Niveau 6*. Associe le texte à un savoir extérieur afin de déduire différentes significations, y compris les sens cachés. Identifie les buts, les attitudes, les valeurs, les croyances, les motivations, les hypothèses implicites et les arguments d'un auteur.

Le niveau de performance des élèves aux épreuves tant de compréhension de l'écrit que de mathématiques présentait des variations considérables. Par exemple, beaucoup moins d'élèves ont atteint les deux plus hauts niveaux en lecture à Ha Giang et Tien qu'à Da Nang (Tableau A.2.1). La relation entre les caractéristiques des enseignants et les scores des élèves a été examinée après avoir pris en compte le contexte familial (Tableau A.2.2).

Source : Banque mondiale, 2004.

TABLEAU A.2.1

Pourcentages et écarts types des élèves de différents niveaux de compétence en lecture

Province	Unité	Niveau 1	Niveau 2	Niveau 3	Niveau 4	Niveau 5	Niveau 6
Ha Giang	Pourcentage	7,5	22,1	27,4	18,7	18,5	5,7
	ET	1,66	3,23	3,06	2,97	3,07	2,09
Tien Giang	Pourcentage	2,8	13,4	28,8	20,2	22,4	12,5
	ET	0,7	2,0	2,49	1,8	2,46	2,78
Da Nang	Pourcentage	0,8	5,7	15,4	21,3	32,9	24,1
	ET	0,34	0,88	1,79	1,89	1,98	3,23
Vietnam	Pourcentage	4,6	14,4	23,1	20,2	24,5	13,1
	ET	0,17	0,28	0,34	0,27	0,39	0,41

Source : Banque mondiale, 2004, vol. 2, tableau 2.3.
Remarque : ET = écart type.

TABLEAU A.2.2

Relation entre des variables des enseignants sélectionnées et la performance en mathématiques

Variable des enseignants	Corrélation simple	Corrélation partielle, après prise en compte du contexte familial de l'élève
Genre[a]	0,17	0,14
Niveau d'études	0,08	0,04
Connaissance de la matière (mathématiques)	0,29	0,25
Classé comme « excellent enseignant »	0,18	0,13
Ressources en salle de classe	0,24	0,15
Nombre d'heures consacrées à la préparation et à la correction des copies	0,00	0,01
Fréquence des réunions avec les parents	0,05	0,04
Nombre de visites d'inspection	0,13	0,11

Source : Banque mondiale, 2004, vol. 2, tableau 4.38.
Remarque : Les corrélations supérieures à 0,02 sont statistiquement significatives.
a. Les élèves ayant une enseignante ont obtenu de meilleurs scores.

A.3. URUGUAY

Objectif. L'évaluation nationale visait à identifier a) dans quelle mesure les diplômés de l'école primaire avaient acquis une « compréhension fondamentale » de la langue et des mathématiques, et b) les facteurs socioculturels susceptibles d'avoir une incidence sur la performance des élèves. L'évaluation mettait l'accent sur le développement professionnel, ce qui a nécessité de diagnostiquer les problèmes d'apprentissage, de fournir aux enseignants de l'information sur la performance des élèves, et de les aider à améliorer leurs pratiques d'enseignement et d'évaluation. L'étude visait également à utiliser les données des épreuves et des questionnaires pour améliorer la situation des établissements.

Fréquence et année d'études. 6e année (tous les trois ans) en 1996, 1999, 2002 et 2005. En plus, les élèves de 1re, 2e et 3e années ont été évalués à des fins de perfectionnement des enseignants en 2001. Les élèves de 9e année ont été évalués en 1999 et ceux de 12e en 2003. Depuis 2003, les élèves de 15 ans sont évalués dans le cadre du Programme international pour le suivi des acquis des élèves (PISA).

Performance évaluée. Mathématiques (résolution des problèmes) et compréhension de l'écrit pour les élèves de 6e année ; mathématiques, langue, et sciences naturelles et sociales pour les élèves de 9e et 12e années.

Instruments. Tests de performance ; questionnaires destinés aux parents, enseignants et directeurs d'école.

Responsable de l'administration ? Au début, l'*Unidad de Medición de Resultados Educativos* (UMRE), une unité créée dans le cadre d'un projet financé par la Banque mondiale, était responsable de l'évaluation nationale des élèves de 6e année, tandis que le *Programa de Modernización de la Educación Secundaria y Formación Docente* (MESyFOD), un projet financé par la Banque interaméricaine, était responsable de l'évaluation nationale au niveau du secondaire. Depuis 2001, les activités d'évaluation ont été réunies et institutionnalisées sous la conduite de la *Gerencia de Investigación y Evaluación* (Division de la recherche et de l'évaluation), faisant partie de l'Administration nationale de l'éducation publique. Le financement est assuré par des bailleurs de fonds internationaux.

Échantillon ou population. Population et échantillon pour la 6e année, excluant les établissements scolaires très petits ; population des élèves de 9e année ; échantillon d'élèves de 1re, 2e, 3e et 12e année ; échantillon pour les évaluations PISA.

Analyse. L'UMRE a utilisé 60 % de réponses correctes comme seuil de performance satisfaisante des élèves. Les scores individuels des établissements ont été comparés à la moyenne nationale, à la moyenne départementale ou régionale et à celles des écoles accueillant des élèves issus de milieux socioéconomiques similaires. Les données des épreuves ont été associées aux facteurs contextuels.

Utilisation des résultats. Les résultats ont été principalement utilisés par les enseignants, les directeurs d'école et l'inspection des écoles. Les autorités publiques ont utilisé les résultats pour identifier les établissements ayant besoin d'un appui particulier et pour des programmes à grande échelle de formation continue des enseignants. Les résultats de niveau national ont été largement diffusés.

Quarante jours après les épreuves et avant la fin de l'année scolaire, les établissements participants ont reçu un rapport confidentiel contenant les résultats agrégés des établissements, présentés item par item. Les rapports ne comprenaient pas les résultats individuels des élèves ou les résultats ventilés par classe. L'UMRE a a) produit des guides pédagogiques pour aider à corriger les faiblesses détectées en langue et en mathématiques et organisé des programmes de formation continue des enseignants pour les établissements des zones défavorisées ; b) rédigé des rapports pour le personnel de supervision ; et c) organisé pour les inspecteurs des ateliers basés sur les résultats des épreuves. Les épreuves ont été mises à la disposition des établissements non inclus dans l'échantillon. Chaque établissement a reçu un rapport des moyennes nationales pour chaque compétence évaluée. Des normes ont été envoyées aux établissements non évalués à des fins de comparaison. Près de 80 % de ces établissements ont administré les épreuves à leurs élèves et comparé leurs résultats aux normes nationales fournies. Les inspecteurs ont organisé leurs propres ateliers pour mieux comprendre les résultats, apprécier l'effet du dénuement social sur les acquis des élèves et proposer des pistes d'action pour améliorer la qualité de l'éducation.

Éléments intéressants. Au départ, le syndicat des enseignants du primaire était fortement opposé à l'évaluation nationale. Il s'opposait en particulier à la publication des résultats individuels des établissements. Il a finalement été convaincu, et les autorités ont accepté de ne pas publier les résultats individuels des établissements ou des enseignants, mais de permettre l'utilisation des résultats à des fins de diagnostic. Seules les données agrégées devaient être publiées. Les autorités ont, en outre, invité les enseignants à participer a) aux groupes de planification de l'évaluation et b) à d'autres groupes consultatifs. Les enseignants ont également été fortement impliqués dans le développement des épreuves. À ce jour, peu d'opposition s'est manifestée à une évaluation formelle de ce type au niveau primaire. Il a été généralement admis que les enseignants ou les établissements ne seraient pas pénalisés pour avoir obtenu de mauvais résultats aux épreuves. Le syndicat des enseignants du secondaire ne s'est pas montré très favorable à l'évaluation et a adopté une attitude attentiste.

L'acceptation par les enseignants de l'initiative de l'UMRE et des résultats tient à la confidentialité des résultats aux épreuves, à la communication rapide des rapports, à la contextualisation socioculturelle des scores aux épreuves et à la reconnaissance du fait que les acquis des élèves dépendent d'une combinaison de facteurs (liés notamment aux caractéristiques de la famille, de l'établissement, de la communauté et des enseignants).

L'approche adoptée par l'Uruguay est différente de celle de certains pays qui cherchent des moyens de rendre les établissements et les enseignants redevables des acquis des élèves. L'État a, quant à lui, la responsabilité de promouvoir un environnement favorable à l'équité au sein du système éducatif.

Sources : Benveniste, 2000 ; Ravela, 2005.

A.4. AFRIQUE DU SUD

Objectif. L'Afrique du Sud a effectué une série d'évaluations nationales des 3e, 6e et 9e années. Elle a également participé à trois études internationales visant à 1) fournir des données de référence par rapport auxquelles les progrès futurs pourraient être vérifiés et 2) permettre au pays de comparer ses programmes de cours et ses résultats en mathématiques et en sciences avec ceux des pays industrialisés. Chacune de ces études internationales peut être considérée comme une évaluation nationale des acquis scolaires. La participation aux évaluations internationales a été l'occasion de renforcer les capacités.

En 1995, l'Afrique du Sud a été l'unique participant africain à l'étude Tendances de l'enquête internationale sur les mathématiques et les sciences (TIMSS). Elle y a également participé en 1999 avec le Maroc et la Tunisie, qui ont ensuite été rejoints par le Botswana, le Ghana et l'Égypte en 2003. L'Afrique du Sud a également participé à l'évaluation des élèves de 6e année par le Consortium de l'Afrique australe et orientale pour le pilotage de la qualité de l'éducation effectuée en 2000 et à l'évaluation « Suivi des acquis scolaires » (*Monitoring Learning Achievement*) de 4e année, qui a débuté en 1992.

Fréquence. Enquête TIMSS 1995, 1999 et 2003.

Année d'études. 8ᵉ.

Instruments. Tests de performance ; questionnaires destinés aux élèves, enseignants et directeurs d'école.

Performance évaluée. Mathématiques et sciences.

Responsable de l'administration ? Le *Human Sciences Research Council* (Conseil pour la recherche en sciences humaines) en 1995 et 1999, et l'Université de Pretoria en 2003.

Échantillon ou population. Échantillon. Une classe complète de 8ᵉ année a été incluse dans l'échantillon dans chaque établissement sélectionné.

Analyse. L'étude a comparé la performance moyenne des élèves en mathématiques et en sciences avec celle des autres pays, de même que la performance des 5ᵉ, 25ᵉ, 50ᵉ, 75ᵉ et 95ᵉ percentiles. Elle a également comparé l'Afrique du Sud à d'autres pays participants, du point de vue de l'environnement et de l'attitude des élèves, des programmes de cours, des caractéristiques des enseignants, des caractéristiques des salles de classe et du contexte d'apprentissage et d'enseignement. Elle comprenait une comparaison des scores moyens au cours du temps.

Utilisation des résultats. Les résultats de l'enquête TIMSS ont été utilisés dans des débats parlementaires.

Éléments intéressants. L'Afrique du Sud compte 11 langues officielles. Certains mots ont dû être traduits en anglais sud-africain, et certains contextes ont dû être modifiés. Un temps considérable a été consacré à la résolution des problèmes logistiques imputables aux insuffisances des services, tels que le courrier et le téléphone, qui sont considérés comme acquis à d'autres endroits de la planète. L'équipe nationale de recherche a trouvé les délais imposés par l'enquête TIMSS difficiles à respecter. L'effort initial d'échantillonnage a permis de dénicher environ 4 000 établissements qui n'étaient pas dans la base de données nationale. Le transfert de compétences liées à l'évaluation entre les équipes chargées des trois évaluations TIMSS a été limité. Seul un des membres de la première équipe de l'évaluation TIMSS a participé à l'enquête TIMSS de 2003. La plupart des élèves ont passé l'épreuve rédigée dans une langue autre que leur langue maternelle.

La deuxième enquête TIMSS a été utilisée pour une étude nationale approfondie (Howie, 2002). Elle a notamment abouti aux conclusions suivantes :

- Les statistiques officielles sur la taille des classes étaient différentes (beaucoup plus importantes) des tailles trouvées dans l'échantillon des établissements représentatif au niveau national, ce qui suggère une déclaration inexacte des données sur les inscriptions.
- Certains élèves craignaient que leur performance aux épreuves soit prise en compte dans leurs résultats scolaires officiels. Certains avaient peur de demander de l'aide. Bon nombre ont eu des difficultés avec les questions ouvertes. L'arrivée tardive, l'absentéisme et la tricherie lors de l'administration des épreuves ont causé des problèmes supplémentaires.
- De nombreux élèves ont éprouvé des difficultés à répondre à l'épreuve et au questionnaire à cause de difficultés linguistiques. Beaucoup d'enseignants ne maîtrisaient pas suffisamment leur langue pour communiquer efficacement avec les élèves.
- Les enseignants passent beaucoup de temps à enseigner des contenus qui auraient dû être couverts les années précédentes.
- Près d'un quart des enseignants de 8e année n'étaient pas qualifiés pour enseigner les mathématiques et n'avaient pas de diplôme d'études postsecondaires.
- Les élèves dont la langue maternelle était l'anglais ou l'afrikaans ont obtenu des scores nettement plus élevés que ceux qui parlaient une autre langue africaine à la maison.
- Moins de 0,5 % des élèves ont atteint le plus haut niveau de performance en mathématiques, contre 10 % pour l'échantillon international. Le score moyen (381) correspondant aux meilleures performances des neuf provinces (Western Cape) était nettement inférieur au score moyen international (487) de l'enquête TIMSS.
- Ni l'école ni la taille de la classe ne constituent un déterminant significatif de la performance en mathématiques.

Les évaluations nationales des 3e, 6e et 9e années demandées par le ministère de l'Éducation ont été effectuées pour obtenir des données de référence pour les évaluations futures et suggérer des actions au niveau des politiques. Chacune de ces évaluations utilisait les données de questionnaires ainsi que des épreuves, pour fournir une base à l'estimation des efforts à entreprendre à long terme pour améliorer l'accès, la qualité, l'efficacité et l'équité. Les comparaisons entre provinces ont démontré l'existence de fortes disparités régionales dans la performance. Les niveaux de performance générale sont considérés comme faibles. Par exemple, dans l'évaluation de la 6e année, un pourcentage moyen de réponses correctes de seulement 38 % a été enregistré en langue, 27 % en mathématiques et 41 % en sciences naturelles. Des rapports sur la 6e année ont été produits séparément pour chaque province ainsi que pour un rapport national.

Sources : Howie, 2000, 2002 ; Kanjee, 2006 ; Reddy, 2005, 2006.

A.5. SRI LANKA

Objectif. Évaluer les acquis des élèves ayant terminé leur 4e année en 2003.

Fréquence. Des évaluations antérieures avaient été réalisées pour les élèves de 3e (1996) et 5e (1994, 1999) années. D'autres évaluations ont été effectuées pour la 4e année (2007) ainsi que pour les 8e et 10e années (2005).

Année d'études. 4e.

Performance évaluée. Première langue (cinghalais ou tamoul), mathématiques et anglais.

Instruments. Test de performance ; questionnaires destinés aux directeurs d'école, chefs de section, enseignants de la classe correspondante et parents (voir le tableau A.5.1).

Responsable de l'administration ? Centre national de recherche et d'évaluation dans l'éducation (*National Education Research and Evaluation Centre*), situé au sein de la Faculté de l'éducation, Université de Colombo.

TABLEAU A.5.1

Données et source contextuelles dans l'évaluation nationale sri lankaise

Type d'informations	Questionnaire	Sections	Nombre de questions
Contexte scolaire	Directeur	• Informations générales • Profil des enseignants • Installations scolaires • Situation financière • Opinions	37
	Chef de section	• Informations générales • Installations scolaires • Procédures d'évaluation de l'enseignement et de l'apprentissage • Opinions	13
	Enseignant	• Informations générales • Information académique et professionnelle • Détails sur la salle de classe • Opinions	41
Famille	Parents	• Informations générales • Installations domestiques • Situation socioéconomique • Soutien à l'apprentissage • Opinions	51
	Élèves	• Informations générales • Enseignement préscolaire • Activités postscolaires • Opinions	26

Source : Perera et coll., 2004, tableau 3.7.

Échantillon ou population. Échantillon conçu pour être représentatif de la population des élèves de 4e année au niveau national et dans chacune des 9 provinces.

Analyse. Comparaison des scores de performance par type d'établissement, localisation, sexe et niveau de formation des enseignants. Les provinces et les districts ont été classés dans chaque matière. Une analyse causale a été utilisée pour déterminer les relations entre l'école, l'environnement familial et les facteurs liés aux élèves d'une part, et la performance des élèves d'autre part.

Utilisation des résultats. Les résultats ont été utilisés pour l'analyse du secteur de l'éducation afin de contribuer à l'élaboration d'une nouvelle stratégie d'appui de l'État et des donateurs à ce secteur. Actuellement, ils sont aussi utilisés pour définir des valeurs de référence destinées au suivi des niveaux de performance des élèves dans chacune des provinces.

Éléments intéressants. L'équipe d'évaluation nationale sri lankaise a fixé à 80 % le score déterminant la « maîtrise ».[1] Des rapports ont été établis sur les pourcentages des élèves considérés comme « ayant maîtrisé » chacune des trois matières évaluées. Les résultats suggèrent que la norme attendue avait été fixée à un niveau irréaliste. Si, sur la base des scores moyens, le rapport de l'évaluation a conclu que la performance globale en première langue semblait atteindre un niveau « satisfaisant » (Perera et coll., 2004, 47), lorsque la performance est évaluée sur la base du niveau de maîtrise, le tableau est assez différent. Moins de 40 % des élèves ont atteint le niveau de maîtrise en langue locale et en mathématiques, et moins de 10 % en anglais. Les résultats affichaient de larges disparités de performance entre les provinces et les districts (tableau A.5.2). Les sous-groupes peu performants ont été identifiés. Des rapports distincts ont été publiés pour chacune des neuf provinces du pays.

Source : Perera et coll., 2004.

A.6. NÉPAL

Objectif. L'évaluation nationale de 2001 a été effectuée dans le but de déterminer comment la performance des élèves avait évolué au cours d'une période de quatre ans caractérisée par des changements majeurs dans les politiques.

Fréquence. Les données de référence sur les élèves de 3ᵉ année ont été obtenues en 1997. (Les élèves de 5ᵉ année ont été évalués en 1999.)

---

[1] Cette détermination était apparemment fondée sur un seuil utilisé par l'Organisation des Nations Unies pour l'éducation, la science et la culture dans des études antérieures de Suivi des acquis scolaires (UNESCO, 1990).

TABLEAU A.5.2

Pourcentage des élèves ayant atteint le niveau de maîtrise en première langue, par province

Groupe	Position	Province	Pourcentage ayant atteint le niveau de maîtrise	Pourcentage cible
Plus de 50 %	1	Ouest	53,5	80,0
26–50 %	2	Sud	42,6	80,0
	3	Nord-Ouest	42,2	80,0
	4	Sabaragamuwa	40,2	80,0
	5	Centre-Nord	35,6	80,0
	6	Uva	33,9	80,0
	7	Centre	33,8	80,0
1–25 %	8	Est	23,7	80,0
	9	Nord	22,7	80,0

Source : Perera et coll., 2004, tableau 4.14.

Année d'études. 3e.

Performance évaluée. Mathématiques, népalais et sciences sociales.

Instruments. Tests de performance en mathématiques, népalais et sciences sociales administrés à tous les élèves de l'échantillon. Des questionnaires ont été administrés au directeur d'école et aux enseignants des trois matières ciblées dans chaque école échantillonnée, et 25 % des élèves ainsi que leurs parents ont été interrogés.

Responsable de l'administration ? Centre de service d'éducation et de développement.

Échantillon ou population. Un échantillon de 171 établissements.

Analyse. Les scores aux épreuves supérieurs à 75 % de réponses correctes méritaient la note de performance « satisfaisant ». Les autres analyses comprenaient des études de fiabilité de chaque épreuve et des comparaisons des scores moyens de 1997 et 2001. Une analyse de variance a été utilisée pour comparer les scores moyens de performance des élèves entre les régions, et une analyse de régression multiple a permis d'identifier les facteurs liés à la performance des élèves.

Utilisation des résultats. Les résultats ont été utilisés pour suivre l'évolution des performances de 1997 à 2001 et, en particulier, pour évaluer l'effet des changements de politiques, à savoir une augmentation du budget, de nouveaux programmes de cours, de nouveaux manuels scolaires et matériel didactique, et de nouveaux centres de formation des enseignants. Les régions les plus performantes ont été identifiées. En 2001, la différence entre les scores moyens des filles et des garçons n'était significative qu'en mathématiques, où les garçons se sont montrés plus performants. Les scores moyens globaux en sciences sociales étaient nettement plus élevés en 2001 qu'en 1997.

Éléments intéressants. Les données ont permis d'identifier les domaines du programme de cours où les élèves semblent avoir eu des difficultés. En mathématiques, les élèves étaient généralement capables de traduire les mots en chiffres et inversement, de mesurer le temps et le poids, d'additionner des nombres de maximum quatre chiffres exprimés en mots et d'additionner des nombres décimaux. Ils étaient généralement incapables de résoudre des problèmes écrits impliquant l'une des quatre opérations de base (addition, soustraction, multiplication et division). En népalais, l'élève moyen était généralement capable de lire une histoire simple et d'utiliser un certain vocabulaire, mais pas de lire et de répondre correctement à des questions basées sur des passages ou décrivant une histoire en images.

Les résultats de l'évaluation ont montré que bon nombre des réformes semblaient avoir eu peu d'effet. Plus de 60 % des enseignants ont indiqué que leurs cours n'étaient jamais supervisés. En général, ils recevaient relativement peu d'appui dans leur travail. Environ un tiers n'étaient pas formés. L'enseignement en classe a été jugé inefficace.

Le rapport a conclu que, bien que de nombreuses réformes aient clairement été mises en œuvre, il était probablement trop tôt pour espérer des améliorations de la performance des élèves. Le rapport d'évaluation nationale a également souligné la qualité relativement médiocre de l'appui apporté aux élèves par leurs familles. Plus d'un quart des mères avaient été identifiées comme analphabètes, tandis que moins de 7 % avaient poursuivi leurs études jusqu'en 5e année.

Source : Khaniya et Williams, 2004.

A.7. CHILI

Objectif. Le *Sistema de Medición de la Calidad de la Educación* (SIMCE) du Chili a été initialement conçu pour orienter les parents dans le choix d'une école. Il cherche maintenant à fournir de l'information a) sur la manière dont les élèves atteignent les objectifs d'apprentissage considérés comme minimaux par le ministère de l'Éducation ; b) aux parents, aux enseignants et aux autorités municipales, régionales et centrales ; et c) permettant aux décideurs d'orienter l'allocation de ressources au développement des manuels et programmes de cours et à la formation continue des enseignants, en particulier dans les domaines qui en ont le plus besoin. Il vise à améliorer le système éducatif en mettant en place des procédures axées sur l'évaluation, l'information et les incitations. Il contribue également à souligner l'engagement du ministère de l'Éducation à améliorer la qualité et l'équité au sein du système éducatif.

Le Chili gère également un système d'évaluation distinct, mais lié, utilisé comme base pour récompenser l'excellence dans le cadre du SNED (Système national d'évaluation de la performance des enseignants dans les écoles soutenues par l'État) en offrant aux enseignants et aux établissements des mesures d'incitation à augmenter les niveaux de performance des élèves.

Fréquence. Annuelle.

Années d'études. 4e et 8e.

Performance évaluée. Espagnol (lecture et écriture), mathématiques, sciences naturelles et sociales.

Instruments. Tests de performance, d'idée de soi et de perception administrés aux élèves. Questionnaires remplis par les directeurs, les enseignants et les parents (seulement une année).

Responsable de l'administration ? D'abord administrée en 1978 par un organisme externe, la *Pontificia Universidad Católica* du Chili, l'évaluation SIMCE est maintenant administrée par le ministère de l'Éducation.

Échantillon ou population. La quasi-totalité des élèves des années concernées est évaluée en espagnol et en mathématiques. Les épreuves de sciences naturelles, histoire et géographie sont administrés à 10 % des élèves. Les très petits établissements situés dans des zones inaccessibles sont exclus.

Analyse. Classement des établissements au niveau national et par catégorie socioéconomique. Le SIMCE a identifié 900 établissements dont les scores figuraient parmi les 10 % les plus faibles de leurs provinces aux épreuves de mathématiques et de langue, et auxquels des ressources spéciales sont fournies (programme P-900).

Utilisation des résultats. Les résultats du SIMCE sont largement utilisés dans les discussions sur les politiques. Le SIMCE publie les résultats des classes reprenant le pourcentage moyen des réponses correctes par objectif évalué ainsi que le nombre moyen de réponses correctes pour l'ensemble de l'épreuve. Au début de l'année scolaire, le SIMCE publie ses résultats à l'échelle nationale et aussi par école, situation géographique et région. Les manuels du SIMCE expliquent les résultats et la façon dont les enseignants et les établissements peuvent les utiliser pour améliorer la performance des élèves. Les établissements du programme P-900 bénéficient d'un soutien sous la forme d'une amélioration de l'infrastructure, de manuels scolaires et de bibliothèques, de matériel didactique, et d'ateliers de formation continue des enseignants. Ils sont retirés du programme P-900 lorsque leurs scores du SIMCE dépassent le seuil de 10 %.

Le programme SNED utilise les scores du SIMCE ainsi que quatre autres mesures de la qualité de l'éducation. Les enseignants des établissements les plus performants d'une région reçoivent un prix en espèces à peu près équivalent à un mois de salaire. Dans le but de garantir l'équité, le ministère sélectionne des établissements accueillant des groupes socioéconomiques similaires, classés selon leur situation en zone urbaine ou rurale et leur niveau primaire ou secondaire. Bien qu'un ensemble de facteurs soit pris en compte dans le calcul de l'indice, les acquis scolaires représentent près des deux tiers du score (tableau A.7.1). Le système de pondération est régulièrement modifié pour refléter les priorités des politiques.

Éléments intéressants. Le SIMCE s'appuie sur une campagne de relations publiques intensive comprenant des brochures pour les parents

TABLEAU A.7.1

Indice des prix d'excellence pour les écoles du Chili, 1998-1999

Facteur	Pourcentage
Efficacité (scores SIMCE en mathématiques et en sciences)	37
Valeur ajoutée (progression moyenne des scores SIMCE)	28
Initiative	6
Amélioration des conditions de travail	2
Égalité des chances	22
Coopération parents-enseignants	5

Source : Delannoy, 2000, tableau 1.5.

et les établissements, des affiches pour les établissements, des vidéos pour les ateliers, des programmes de télévision et des communiqués de presse. Les rapports sont distribués aux directeurs d'école, responsables municipaux, superviseurs des établissements et fonctionnaires du ministère. Les parents reçoivent également un rapport individualisé pour leur école. Les journaux publient les résultats école par école. Parce que les municipalités reçoivent de l'État central des fonds déterminés par le nombre d'élèves, elles ont un intérêt direct dans le résultat ; de bons résultats au SIMCE ont tendance à attirer plus d'élèves, et donc plus de revenus.

Les établissements où un grand nombre d'élèves étaient absents le jour de l'épreuve ne reçoivent pas les résultats. Certains établissements ont surévalué l'ampleur de la pauvreté de leurs élèves afin d'accroître leurs chances de bénéficier d'une aide au titre du programme P-900. Les enseignants ont tendance à être plus préoccupés par la position de leur établissement par rapport aux établissements similaires que par la possibilité d'utiliser les résultats pour promouvoir le dialogue au sein de leur établissement pour aider à diagnostiquer les domaines où les élèves semblent avoir des difficultés d'apprentissage. Certains enseignants ont critiqué le caractère trop technique des rapports destinés aux établissements. Le SIMCE accorde relativement peu d'attention aux données figurant dans les questionnaires des élèves, parents et enseignants. L'attitude à l'égard de l'apprentissage et les valeurs des élèves se sont révélées techniquement difficiles à mesurer. Le programme SNED présume que les incitations financières encourageront les enseignants à faire davantage d'efforts pour améliorer l'apprentissage des élèves.

Sources : Arregui et McLauchlan, 2005 ; Benveniste, 2000 ; Himmel, 1996, 1997 ; McMeekin, 2000 ; Olivares, 1996 ; Wolff, 1998.

A.8. ÉTATS-UNIS

Objectif. La *National Assessment of Educational Progress* (NAEP – l'évaluation nationale des progrès dans l'éducation), qui a débuté en 1969, mesure les acquis des élèves et surveille leur évolution à des âges et niveaux d'études déterminés. La NAEP, souvent appelée *The Nation's Report Card*, examine également les acquis de sous-populations définies en fonction de caractéristiques démographiques et d'expériences contextuelles spécifiques. L'échantillon de la NAEP dans la plupart des États est suffisamment large pour permettre des déductions concernant les acquis dans chaque État.

Fréquence. Les évaluations sont effectuées au moins une fois tous les deux ans pour les mathématiques et la lecture et moins souvent pour d'autres matières.

Années d'études. 4e, 8e et 12e. Les évaluations réalisées séparément au niveau des États à l'aide des épreuves de la NAEP portent sur les 4e et 8e années.

Performance évaluée. Mathématiques, compréhension de l'écrit, sciences, écriture, arts, instruction civique, économie, géographie et histoire des États-Unis. Nouvelles matières à évaluer : langue étrangère et histoire mondiale.

Instruments. Tests de performance en compréhension de l'écrit, mathématiques, sciences, écriture, histoire des États-Unis, instruction civique, économie, géographie et arts. À la fin du carnet de test, un questionnaire (volontaire) destiné aux élèves recueille des informations sur les caractéristiques démographiques des élèves, les expériences en classe et le soutien éducatif. Un questionnaire destiné aux enseignants met l'accent sur leur environnement, leur formation et leurs pratiques pédagogiques. Un troisième questionnaire collecte des informations sur les politiques et les caractéristiques des établissements. Des données contextuelles sur les élèves handicapés ou les élèves qui apprennent l'anglais sont fournies par l'enseignant.

Responsable de l'administration ? La responsabilité globale de la NAEP incombe au *National Assessment Governing Board* (conseil directeur de l'évaluation nationale), nommé par le secrétaire d'État à l'Éducation. Il se compose de gouverneurs, législateurs, responsables d'établissements scolaires locaux et publiques, éducateurs, représentants d'entreprises et membres du grand public. Des contrats ont été signés avec divers organismes pour l'exécution de certains aspects de la NAEP. Sur la période 2003-2006, des organismes distincts ont été chargés de l'une des activités suivantes : mise au point des items, analyse, échantillonnage et collecte des données, distribution et correction, et maintenance du site Web.

Échantillon ou population. Des échantillons d'élèves des 4e et 8e années au niveau des États (écoles publiques uniquement) et d'élèves de 12e année au niveau national. La taille de l'échantillon pour chaque épreuve NAEP est d'environ 2 500 élèves dans chaque État. Une étude séparée des tendances à long terme publie des résultats au niveau national en mathématiques et compréhension de l'écrit pour des échantillons d'élèves de 9, 13 et 17 ans issus d'établissements d'enseignement publics et privés.

Analyse. Chaque élève n'est soumis qu'à une partie du nombre total des items d'évaluation dans un domaine donné. Les données permettent des comparaisons entre groupes (par exemple, garçons et filles dans un État donné). Le modèle de la réponse à l'item est utilisé pour estimer les caractéristiques de mesure de chaque question d'évaluation et pour créer une échelle unique afin de représenter la performance. Les poids de l'échantillonnage sont appliqués pour tenir compte des caractéristiques de la population. Des échelles sont construites pour permettre la comparaison des évaluations effectuées au cours de différentes années pour des populations communes. Des mesures de contrôle de qualité sont appliquées à chaque étape de l'analyse. Les pourcentages des élèves classés dans chacun des niveaux de compétence – « élémentaire » (maîtrise partielle des connaissances fondamentales), « compétent » (bonne maîtrise de la matière) et « avancé » (performance de niveau supérieur) – sont publiés.

Utilisation des résultats. Les résultats sont largement publiés. Les orateurs politiques et autres les utilisent pour souligner les messages positifs et négatifs sur la qualité du système scolaire américain.

Éléments intéressants. La NAEP suit les tendances de la performance de sous-groupes. Une attention particulière est accordée à la progression des sous-groupes minoritaires, notamment l'accroissement des scores en lecture depuis 1971. Dans l'ensemble, les scores en lecture et en mathématiques des élèves de quatrième année ont augmenté, et l'écart racial s'est rétréci. Des taux de croissance plats ont été enregistrés en lecture pendant une période où le nombre d'étudiants hispaniques (qui ont, traditionnellement, des difficultés à maîtriser la lecture de l'anglais) a doublé. À cause du caractère changeant de la population des élèves, il est difficile de déterminer si les efforts pour améliorer la pédagogie et les programmes de cours ont ou non un impact.

Sources : Johnson, 1992 ; *U.S. National Center for Education Statistics* (le centre national américain de statistiques de l'éducation), 2005, 2006.

A.9. OUGANDA

Objectif. La *National Assessment of Progress in Education* (NAPE), réalisée en juillet 2005 pendant le second semestre scolaire, a fait partie d'une série d'évaluations nationales en Ouganda. Les objectifs spécifiques de l'évaluation étaient les suivants :

- Déterminer les niveaux de performance des élèves en littératie (anglais) et numératie.
- Examiner les relations entre la performance et le sexe et l'âge des élèves, la localisation de l'établissement scolaire (milieu urbain, périurbain, rural), et les zones du pays.
- Examiner les modèles de performance.
- Comparer les performances des élèves de 3e et 6e années en 1999 et 2005.

Fréquence. L'Ouganda effectue des évaluations nationales des acquis scolaires depuis 1996. Au départ, des paires de matières (littératie et numératie, sciences et sciences sociales) étaient évaluées tous les trois ans. Depuis 2003, l'accent est mis sur la littératie et la numératie, qui sont évaluées chaque année.

Années d'études. 3e et 6e.

Performance évaluée. Littératie en anglais et numératie. L'aisance verbale en anglais est évaluée tous les trois ans.

Instruments. Tests de performance en littératie et numératie. Les évaluations nationales précédentes utilisaient des questionnaires destinés aux élèves, aux enseignants et aux directeurs d'école. Les évaluations recueillant les données des questionnaires sont administrées tous les trois ans.

Responsable de l'administration ? L'*Uganda National Examinations Board* (UNEB).

Échantillon ou population. Au départ, les districts de chacune des 14 zones du pays ont été sélectionnés dans l'échantillon. La taille de celui-ci a été augmentée afin d'assurer un minimum de trois établissements par district.

Analyse. Les scores des élèves à chaque épreuve ont été attribués à l'un des quatre niveaux : « avancé », « satisfaisant », « élémentaire », « insuffisant ». Les scores correspondant à ces niveaux ont été déterminés et fixés lorsque les épreuves ont été mises au point par des groupes de représentants du *National Curriculum Development Centre* (le centre national de développement des programmes de cours), des écoles normales primaires, de l'organisme responsable des normes dans l'éducation, de l'UNEB et des syndicats enseignants. Pour l'épreuve d'anglais de 50 questions administrée aux élèves de 3e année, les fourchettes de scores suivantes ont été utilisées pour définir les niveaux de performance : 38 à 50 « avancé », 20 à 37 « satisfaisant », 15 à 19 « élémentaire » et 0 à 14 « insuffisant ». Les jurys ont décidé que le niveau satisfaisant devait être considéré comme le niveau minimal de compétence « souhaité ». Moins de 40 % des élèves de 3e année ont atteint ce niveau de compétence souhaité en anglais (tableau A.9.1). Les résultats des épreuves ont été présentés (en pourcentages) par âge des élèves, milieu (urbain ou rural) de l'établissement, région géographique et zone.

Utilisation des résultats. Pour chaque classe ougandaise de 3e et 6e années, l'UNEB a imprimé une affiche énumérant les matières pour lesquelles la performance des élèves a été jugée satisfaisante au niveau national (par exemple, « Nous sommes capables de compter les nombres », ou « Nous sommes capables d'additionner et soustraire des nombres écrits en chiffres et en symboles ») et moins que satisfaisante (par exemple, « Aidez-nous à acquérir un vocabulaire plus riche » ou « Aidez-nous à diviser les nombres correctement » ou « Aidez-nous à résoudre les problèmes écrits en maths »). Elle a réalisé une affiche similaire pour les enseignants.

L'UNEB prévoit de diffuser les principaux enseignements tirés de la NAPE 2005 sous la forme de rapports conviviaux séparés sur les implications de la NAPE pour les enseignants, les directeurs d'école, les superviseurs et inspecteurs, les formateurs d'enseignants et les décideurs. Il est également en train de concevoir une initiative pilote visant à utiliser les approches de l'évaluation nationale pour aider à améliorer l'évaluation en classe.

Éléments intéressants. La grande majorité des élèves a dû passer les épreuves dans leur seconde langue. Il serait très difficile de trouver une langue couramment utilisée dans laquelle administrer l'épreuve. Plus d'un quart des écoles primaires n'a pas pu participer à l'évaluation nationale, en partie à cause de troubles civils dans certaines régions. L'UNEB a constaté que les écoles gonflaient parfois leurs données sur les inscriptions pour accroître le niveau des ressources qui leur sont allouées.

TABLEAU A.9.1

Pourcentages des élèves ougandais de 3e année jugés compétents en littératie anglaise, 2005

Note	Garçons (%)	Filles (%)	Tous (%)
Compétent (avancé + satisfaisant)	36,9	39,7	38,3
Au-dessous du niveau de compétence souhaité (élémentaire + insuffisant)	63,1	60,3	61,7

Source : UNEB, 2006, tableau 3.02.

De nombreux items de langue étaient placés sous la rubrique « grammaire » (50 % pour la 3e année et 30 % pour la 6e année). En général, les élèves ont trouvé difficiles les questions de l'épreuve. Nombre d'entre eux ont obtenu des scores relativement faibles (voir figure A.9.1). L'âge normal des élèves de 3e année est d'environ 8 à 9 ans, alors que l'âge moyen réel des élèves qui ont passé l'épreuve de 3e année était de 10,2 ans, certains étant même âgés de 11 ans et plus.

D'importantes différences de performance ont été constatées entre les zones. Dans la zone de Kampala, 87,5 % des élèves de 6e année ont atteint le niveau de compétence souhaité en littératie anglaise. Dans chacune des six autres zones, le pourcentage correspondant était inférieur à 30. La performance à la sous-épreuve d'écriture pour la 6e année a révélé des différences substantielles entre les niveaux de performance réels et escomptés. Environ la moitié des élèves a atteint le niveau de compétence souhaité en rédaction d'une histoire basée sur une image, un quart en rédaction d'une lettre, et un dixième en composition et rédaction d'une histoire. Le rapport technique contient un échantillon des lettres rédigées par les élèves et énumère les erreurs

FIGURE A.9.1

Distribution des scores à l'épreuve de littératie pour la 6e année en Ouganda

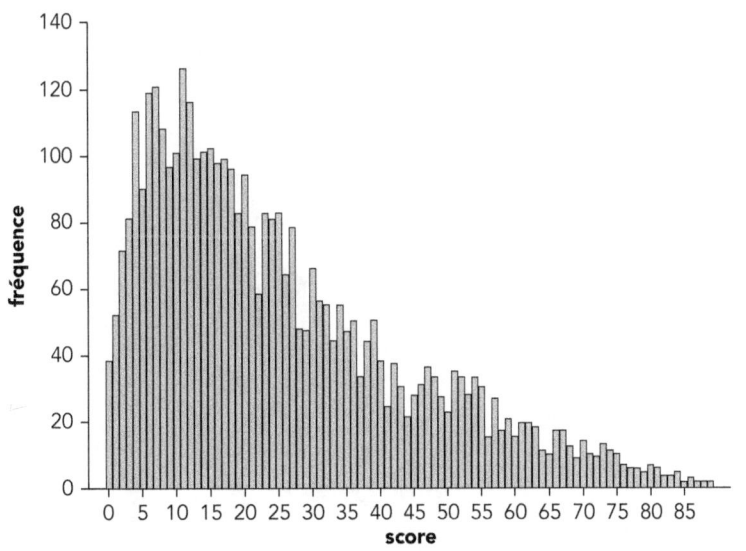

Source : Clarke, 2005.

les plus courantes relevées dans les épreuves de mathématiques. Il comprend également une série de recommandations et désigne pour chacune l'organisme ou l'unité responsable du suivi.

L'UNEB s'est adjoint les services d'un consultant externe pour examiner la qualité de son travail, en particulier celle des caractéristiques statistiques de ses items, ainsi que l'adéquation entre les questions et les objectifs du programme de cours. Le consultant a noté une étroite correspondance entre les questions et le programme, mais a recommandé qu'une plus grande attention soit accordée à la résolution de problèmes en mathématiques. Le travail du consultant a été quelque peu limité par l'indisponibilité de l'information des évaluations nationales antérieures relative à la mise au point des épreuves, la pondération des échantillons, la conception et l'analyse. Certains des problèmes provenaient du fait que certains travaux d'analyse de la NAPE avaient été confiés par contrat à un organisme extérieur à l'UNEB. Le consultant a recommandé que des copies de tous les instruments, les détails des procédures d'échantillonnage et d'analyse, et d'autres documents pertinents soient conservés par l'organisme d'évaluation nationale (UNEB).

Source : UNEB, 2006.

ANNEXE B ÉTUDES INTERNATIONALES

B.1. TENDANCE DE L'ENQUÊTE INTERNATIONALE SUR LES MATHÉMATIQUES ET LES SCIENCES

Cadre

L'étude des Tendances de l'enquête internationale sur les mathématiques et les sciences (TIMSS – *Trends in International Mathematics and Science Study*) organisée par l'Association internationale pour l'évaluation du rendement scolaire (IEA – *International Association for the Evaluation of Educational Achievement*) a pour objectifs principaux de :

- Évaluer les performances des élèves en mathématiques et en sciences, décrites sous la forme de concepts, processus, compétences et attitudes.
- Décrire le contexte dans lequel se développe la performance des élèves, afin d'identifier les facteurs liés à l'apprentissage des élèves qui pourraient être améliorés par des changements de politiques (concernant, par exemple, l'accent mis par le programme de cours, la répartition des ressources ou les pratiques pédagogiques).

Trois études TIMSS ont été réalisées : en 1994–1995, la première portait sur 45 systèmes éducatifs et 3 populations (3e et 4e années ;

7ᵉ et 8ᵉ années, dernière année du secondaire) ; la seconde, en 1999, sur la 8ᵉ année de 38 systèmes éducatifs ; et la troisième, en 2003, sur les 4ᵉ et 8ᵉ années de 50 systèmes. Des études supplémentaires avaient été prévues pour 2007, 2008 (dernière année du secondaire uniquement) et 2011.

L'enquête TIMSS établit une distinction entre les programmes de cours prévu, délivré et assimilé et analyse la façon dont ils sont reliés. Le *programme de cours prévu* représente l'expression des objectifs poursuivis par une société en matière d'enseignement et d'apprentissage, qui sont habituellement décrits dans les programmes, plans de cours, déclarations de politiques et règlements, et reflétés par les manuels, ressources et examens. Le *programme de cours délivré* correspond à la façon dont le programme prévu est interprété par les enseignants et enseigné aux élèves. L'information sur la mise en œuvre (qui donne une idée des conditions d'apprentissage des élèves) est principalement recueillie à l'aide de questionnaires administrés aux enseignants et aux élèves. Le *programme de cours assimilé désigne* ce que les élèves ont appris, comme il est possible de le déduire de leur performance aux épreuves.

Instrumentation

Les composantes mathématiques suivantes sont évaluées par les épreuves TIMSS :

- *Contenu*. Nombres ; mesure ; géométrie ; proportionnalité ; fonctions, relations et équations ; données, probabilité, statistiques ; analyse élémentaire ; et validation et structure.
- *Performance attendue*. Connaître, utiliser des procédures de routine, faire des recherches et résoudre des problèmes, raisonner de façon mathématique et communiquer.
- *Perspectives*. Attitudes, carrières, participation, intérêt croissant et habitudes mentales.

Les composantes scientifiques de l'enquête TIMSS comprennent les éléments suivants :

- *Contenu*. Sciences de la terre ; sciences de la vie ; sciences physiques ; science, technologie, mathématiques ; histoire des sciences ;

questions environnementales ; nature de la science ; et sciences et autres disciplines.
- *Performance attendue.* Comprendre ; élaborer des théories, analyser, résoudre des problèmes ; utiliser des outils, des procédures de routine et des processus scientifiques ; étudier le monde naturel ; et communiquer.
- *Perspectives.* Attitudes, carrières, participation, intérêt croissant, sécurité et habitudes mentales.

Depuis ses débuts, l'enquête TIMSS a modifié ses cadres pour refléter l'évolution des programmes de cours et de la pédagogie dans les pays participants. Les concepteurs de l'enquête TIMSS ont utilisé un cadre de programme de cours fondé sur des études antérieures (notamment la Deuxième étude internationale sur les mathématiques, dans le cas de cette matière) pour développer des tests à l'aide d'un processus de concertation entre les pays participants. Plusieurs centaines d'items (à choix multiples et à réponses construites) ont été mis à l'essai et évalués pour déterminer leur pertinence et leur adéquation au programme de cours. Pour atteindre une couverture maximale du programme de cours sans imposer une charge trop lourde aux élèves participant à l'étude, les items de l'épreuve ont été répartis en plusieurs carnets. Un seul d'entre eux est attribué à chaque élève participant à l'épreuve. Le Tableau B.1.1 présente un exemple tiré du cadre de programme de cours de l'évaluation TIMSS 2007.

Les questionnaires ont été élaborés et administrés pour obtenir de l'information sur les points suivants :

- Contexte social et éducatif général (*niveau du système*) ;
- Contexte local, communautaire et scolaire (*niveau de l'école*) ;
- Facteurs contextuels personnels (*niveau individuel des élèves*).

Les instruments ont été traduits dans plus de 30 langues.

Participants

Trois populations ont participé à l'enquête TIMSS initiale en 1994-1995 :

- *Population 1.* Élèves de la paire d'années adjacentes rassemblant la majorité des élèves de 9 ans (en général les 3e et 4e années).

TABLEAU B.1.1

Pourcentages cibles des épreuves de mathématiques de l'enquête TIMSS 2007 attribués aux domaines de contenus et cognitifs, 4ᵉ et 8ᵉ années

Domaines de contenu, 4ᵉ année	Pourcentages	
Nombres	50	
Mesures et formes géométriques	35	
Représentation des données	15	
Domaines de contenu, 8ᵉ année	Pourcentages	
Nombres	30	
Algèbre	30	
Géométrie	20	
Données et probabilités	20	
Domaines cognitifs	Pourcentages	
	4ᵉ année	8ᵉ année
Savoir	40	35
Appliquer	40	40
Raisonner	20	25

Source : Mullis et coll., 2005, pièce 2. Reproduit avec autorisation.

- *Population 2*. Élèves de la paire d'années adjacentes rassemblant la majorité des élèves de 13 ans (en général les 7ᵉ et 8ᵉ années).
- *Population 3*. Élèves de dernière année du secondaire. Deux sous-populations étaient identifiées : a) tous les élèves, qui ont passé des épreuves de mathématiques et de littératie, et b) les élèves spécialisés en mathématiques ou en physique, qui ont passé une épreuve spécialisée.

En 1994-1995, 45 systèmes éducatifs ont participé à l'enquête TIMSS (populations 1, 2 et 3). Parmi eux, un seul était africain (Afrique du Sud) ; dix se trouvaient en Asie/Moyen-Orient (RAS de Hong Kong, Chine ; Israël ; Japon ; Koweït ; République de Corée ; République islamique d'Iran ; Singapour et Thaïlande) ; et un était en Amérique latine et Caraïbes (Colombie). Les noms des systèmes éducatifs cités dans cette annexe sont ceux énumérés dans les rapports des études.

En 1999, 38 systèmes éducatifs ont participé à l'enquête TIMSS (population 2). Parmi eux, trois se trouvaient en Afrique (Afrique du

Sud, Maroc et Tunisie) ; treize en Asie/Moyen-Orient (RAS de Hong Kong, Chine ; Indonésie ; Israël ; Japon ; Jordanie ; Malaisie ; Philippines ; République de Corée ; République islamique d'Iran ; Singapour ; Taipei chinois ; Thaïlande et Turquie) ; et deux en Amérique latine et Caraïbes (Argentine et Chili).

L'enquête TIMSS 2003 comprenait 50 participants (populations 1 et 2). Parmi eux, on comptait six pays d'Afrique (Afrique du Sud ; Botswana, Ghana ; Maroc ; République arabe d'Égypte et Tunisie) ; dix-sept d'Asie/Moyen-Orient (Arabie saoudite ; Bahreïn ; RAS de Hong Kong, Chine ; Indonésie ; Israël ; Japon ; Jordanie ; Liban ; Malaisie ; Palestine ; Philippines ; République arabe syrienne ; République de Corée ; République du Yémen ; République islamique d'Iran ; Singapour et Taipei chinois) ; et un d'Amérique latine et des Caraïbes (Chili).

Quelques constatations

Le Tableau B.1.2 présente les résultats à l'épreuve de mathématiques pour la 8e année en 2003. Dans les systèmes les plus performants, environ un tiers des élèves ont obtenu un score correspondant au niveau de référence avancé. En net contraste, dans les 19 systèmes les moins performants, 1 % des élèves ou moins atteignaient ce niveau de référence. Singapour s'est classé premier aux épreuves tant de 4e que de 8e année. Certains systèmes ont considérablement amélioré leurs performances moyennes par rapport à 1995 et 1999, tandis que d'autres enregistraient une baisse importante. La République de Corée ; RAS de Hong Kong, Chine ; la Lettonie ; la Lituanie ; et les États-Unis étaient parmi les pays qui s'étaient améliorés en 8e année.

Dans l'ensemble, les différences de performance en mathématiques étaient négligeables entre les sexes. Les filles dépassaient toutefois les garçons dans certains systèmes, tandis que ceux-ci étaient plus performants dans d'autres. Un niveau d'études élevé des parents était associé à de meilleurs scores de performance dans pratiquement tous les systèmes. En 2003, tant pour la 4e que pour la 8e année, le nombre de livres possédés par la famille était corrélé de manière significative avec la performance en mathématiques des élèves.

Le degré de couverture du programme de cours testé dans l'enquête TIMSS 2003 variait suivant les systèmes. Les rapports des

TABLEAU B.1.2
Distribution de la performance en mathématiques de l'enquête TIMSS, 8ᵉ année

Pays	Années d'études*	Âge moyen	Distribution des performances en mathématiques	Score moyen de l'échelle	Indice de développement humain**
Singapour	8	14.3		605 (3.6) ○	0.884
Corée, Rép. de	8	14.6		589 (2.2) ○	0.879
† RAS de Hong Kong, Chine	8	14.4		586 (3.3) ○	0.889
Taipei chinois	8	14.2		585 (4.6) ○	–
Japon	8	14.4		570 (2.1) ○	0.932
Belgique (Flandre)	8	14.1		537 (2.8) ○	0.937
¹ Pays-Bas	8	14.3		536 (3.8) ○	0.938
Estonie	8	15.2		531 (3.0) ○	0.833
Hongrie	8	14.5		529 (3.2) ○	0.837
Malaisie	8	14.3		508 (4.1) ○	0.790
Lettonie	8	15.0		508 (3.2) ○	0.811
Fédération de Russie	7 or 8	14.2		508 (3.7) ○	0.779
République slovaque	8	14.3		508 (3.3) ○	0.836
Australie	8 or 9	13.9		505 (4.6) ○	0.939
‡ États-Unis	8	14.2		504 (3.3) ○	0.937
¹ Lituanie	8	14.9		502 (2.5) ○	0.824
Suède	8	14.9		499 (2.6) ○	0.941
¹ Écosse	9	13.7		498 (3.7) ○	0.930
² Israël	8	14.0		496 (3.4) ○	0.905
Nouvelle-Zélande	8.5 - 9.5	14.1		494 (5.3) ○	0.917
Slovénie	7 or 8	13.8		493 (2.2) ○	0.881
Italie	8	13.9		484 (3.2) ○	0.916
Arménie	8	14.9		478 (3.0) ○	0.729
¹ Serbie	8	14.9		477 (2.6) ○	–
Bulgarie	8	14.9		476 (4.3) ○	0.795
Roumanie	8	15.0		475 (4.8) ○	0.773
Moy. internationale	8	14.5		467 (0.5)	
Norvège	7	13.8		461 (2.5) ◉	0.944
Moldavie, Rép. de	8	14.9		460 (4.0) ◉	0.700
Chypre	8	13.8		459 (1.7) ◉	0.891
² Macédoine, Rép. de	8	14.6		435 (3.5) ◉	0.784
Liban	8	14.6		433 (3.1) ◉	0.752
Jordanie	8	13.9		424 (4.1) ◉	0.743
Iran, Rép. islamique d'	8	14.4		411 (2.4) ◉	0.719
¹ Indonésie	8	14.5		411 (4.8) ◉	0.682
Tunisie	8	14.8		410 (2.2) ◉	0.740
Égypte	8	14.4		406 (3.5) ◉	0.648
Bahreïn	8	14.1		401 (1.7) ◉	0.839
Autorité nat. palestinienne	8	14.1		390 (3.1) ◉	0.731
Chili	8	14.2		387 (3.3) ◉	0.831
¹ ‡ Maroc	8	15.2		387 (2.5) ◉	0.606
Philippines	8	14.8		378 (5.2) ◉	0.751
Botswana	8	15.1		366 (2.6) ◉	0.614
Arabie saoudite	8	14.1		332 (4.6) ◉	0.769
Ghana	8	15.5		276 (4.7) ◉	0.567
Afrique du Sud	8	15.1		264 (5.5) ◉	0.684
¶ Angleterre	9	14.3		498 (4.7) ○	0.930
Participants de référence					
Pays basque, Espagne	8	14.1		487 (2.7) ○	–
État de l'Indiana, États-Unis	8	14.5		508 (5.2) ○	–
Province de l'Ontario, Canada	8	13.8		521 (3.1) ○	–
Province du Québec, Canada	8	14.2		543 (3.0) ○	–

0 100 200 300 400 500 600 700 800

Centiles de performance
5th | 25th | 35th | 95th
Intervalle de confiance de 95 % de la moyenne (±2 écarts types)

○ Moyenne du pays nettement supérieure à la moyenne internationale
◉ Moyenne du pays nettement inférieure à la moyenne internationale

*   Représente l'année d'études comptée à partir de la première année du niveau 1 de la CITE.
** Tiré du Rapport 2003 sur le développement humain du Programme des Nations Unies pour le développement, p. 237-240.
†   N'a respecté les directives pour les taux de participation de l'échantillon qu'après inclusion des écoles de remplacement (voir pièce A.9).
‡   A tout juste respecté les directives pour les taux de participation de l'échantillon, et ce uniquement après inclusion des écoles de remplacement (voir pièce A.9).
¶   N'a pas respecté les directives pour les taux de participation de l'échantillon (voir pièce A.9).
1   La population nationale souhaitée ne couvre pas toute la population internationale souhaitée (voir pièce A.6).
2   La population nationale définie couvre moins de 90 % de la population internationale souhaitée (voir pièce A.6).
➤   La Corée a testé la même cohorte d'élèves que les autres pays, mais plus tard en 2003, au début de l'année scolaire suivante.
( ) Les écarts types figurent entre parenthèses. Parce que les résultats sont arrondis à l'entier le plus proche, certains totaux peuvent sembler incohérents.
Un tiret (–) indique que des données comparables ne sont pas disponibles.

Source : Mullis et coll., 2004, pièce 1.1. Reproduit avec autorisation.

enseignants indiquaient qu'en moyenne, les sujets liés aux nombres avaient été enseignés à 95 % des élèves de 8e année, les sujets liés aux mesures à 78 %, les sujets de géométrie à 69 %, les sujets d'algèbre à 66 % et les sujets liés aux données à 46 %. Plus de 80 % des élèves avaient des enseignants ayant au moins une certaine formation professionnelle en mathématiques. Les manuels scolaires étaient largement utilisés comme base d'enseignement. L'usage de la calculatrice, en revanche, variait fortement d'un système à l'autre. L'utilisation généralisée en 4e année n'était autorisée que dans cinq systèmes. Les écoles avec peu d'élèves issus de familles défavorisées ont obtenu en moyenne des scores supérieurs de 57 points en 8e année et 47 points en 4e année à ceux des écoles dont plus de la moitié des élèves provenaient de foyers défavorisés.

B.2. PROGRAMME INTERNATIONAL DE RECHERCHE EN LECTURE SCOLAIRE

Cadre

L'étude de la lecture scolaire réalisée par l'IEA en 1991 a servi de base à la définition de la littératie dans le Programme international de recherche en lecture scolaire (PIRLS – *Progress in International Reading Literacy Study*). Pour les PIRLS (de 2001 et 2006), la compréhension de l'écrit a été définie comme

> « ... l'aptitude à comprendre et utiliser les formes de langage écrit requises par la société ou valorisées par l'individu. Les jeunes lecteurs peuvent découvrir le sens de textes très variés. Ils lisent pour apprendre, pour s'intégrer dans des communautés de lecteurs à l'école et dans la vie de tous les jours, et pour le plaisir ». (IEA, 2000, 3)

Le cadre d'évaluation PIRLS comprend deux grandes fins de lecture croisées avec quatre processus de compréhension. Les *fins* sont les suivantes :

- *littéraire*. Lecture en vue d'une expérience littéraire, dans laquelle le lecteur s'implique dans le texte pour s'embarquer dans des

événements et avec des personnages imaginaires et pour apprécier la langue elle-même.
- *informative*. Lecture en vue d'obtenir et utiliser de l'information, où le lecteur s'intéresse à des aspects du monde réel représentés par des textes chronologiques (par exemple lorsque des événements sont décrits dans des biographies, des recettes ou des instructions) ou non chronologiques dans lesquels les idées sont organisées de manière logique plutôt que chronologique (par exemple des textes de discussion ou d'argumentation).

Les *processus de compréhension* exigent que les élèves sachent :

- *Se concentrer sur des informations énoncées de façon explicite et les retrouver dans le texte.* Par exemple, rechercher des idées spécifiques ; trouver la phrase présentant explicitement le sujet ou l'idée principale.
- *Faire des inférences simples.* Par exemple, déduire qu'un événement en a entraîné un autre ; identifier les généralisations dans un texte.
- *Interpréter et combiner des idées et informations.* Par exemple, distinguer le message global ou le thème d'un texte ; comparer et confronter des informations textuelles.
- *Examiner et évaluer le contenu, le langage et les éléments textuels.* Décrire comment l'auteur a imaginé une fin surprenante ; juger de l'exhaustivité ou de la clarté des informations dans le texte.

Des enquêtes PIRLS ont été réalisées en 2001 et 2006.

Instruments

Il a été estimé que l'utilisation de textes « authentiques » (c'est-à-dire du type de ceux que lisent les élèves dans leurs expériences quotidiennes) pour chaque fin (lecture en vue d'une expérience littéraire et lecture en vue d'acquérir et utiliser de l'information) nécessiterait une épreuve de quatre heures. Parce que demander aux élèves de rester assis pendant plus d'une heure dans une situation d'examen semblait peu raisonnable, le matériel d'évaluation a été réparti en dix carnets, chaque élève n'en complétant qu'un seul.

L'aptitude des élèves par rapport à chacun des quatre processus de compréhension a été évaluée dans les questions accompagnant les textes. Deux formats ont été utilisés : questions à choix multiples et réponses construites.

De l'information sur l'attitude des élèves vis-à-vis de la lecture et sur leurs habitudes de lecture a été obtenue à l'aide d'un questionnaire. Des questionnaires ont également été administrés aux parents, aux enseignants et aux directeurs d'école pour recueillir de l'information sur les expériences des élèves à la maison et à l'école, considérées comme pertinentes par rapport au développement de la compréhension de l'écrit.

Participants

La population cible du PIRLS a été définie comme les élèves de l'année supérieure de la paire d'années adjacentes regroupant la majorité des enfants de neuf ans. Dans la plupart des systèmes, il s'agissait de la 4ᵉ année.

En 2001, 35 systèmes éducatifs ont participé au PIRLS. Ils comprenaient un pays d'Afrique (Maroc) ; six d'Asie/Moyen-Orient (RAS de Hong Kong, Chine ; Israël ; Koweït ; République islamique d'Iran ; Singapour et Turquie) ; et trois d'Amérique latine et Caraïbes (Argentine, Belize et Colombie) (Mullis et coll., 2003). En 2006, les participants au PIRLS étaient au nombre de 41. Le nombre des pays africains avait augmenté d'une unité (avec l'arrivée de l'Afrique du Sud). Les pays d'Asie ou du Moyen-Orient étaient deux de plus (entrée de Taipei chinois, de l'Indonésie et du Qatar, mais abandon de la Turquie). Un système éducatif d'Amérique latine et des Caraïbes a participé (Trinidad et Tobago a rejoint le programme, tandis que les trois participants de 2001 l'ont quitté).

Il avait été prévu que le PIRLS soit administré à nouveau en 2011.

Quelques constatations

Quatre catégories de référence ont été créées sur la base des scores des élèves aux épreuves : la *catégorie du quart inférieur*, définie comme le 25ᵉ centile (point au-dessus duquel les 75 % supérieurs ont été notés) ; la *catégorie médiane*, définie comme le 50ᵉ centile ; la *catégorie du quart supérieur*, définie comme le 75ᵉ centile ; et la *catégorie des 10 % supérieurs*, définie comme le 90ᵉ centile. Si la distribution des scores de performance à la compréhension de l'écrit était la même dans tous les pays, environ 10 % des élèves de chaque pays seraient classés dans la catégorie supérieure. Le Tableau B.2.1 présente les résultats pour les pays participants. Il montre, par exemple, que 24 % des élèves anglais avaient un score les classant dans la catégorie la plus élevée tandis que dix systèmes avaient moins de 5 % des élèves dans cette catégorie.

Les filles ont obtenu des scores moyens sensiblement supérieurs à ceux des garçons dans tous les systèmes. Pour les items évaluant la lecture à des fins informatives, les élèves de Suède, des Pays-Bas et de Bulgarie ont obtenu les meilleurs scores. Les activités de littératie précoce avant l'entrée à l'école, comme la lecture de livres et le récit d'histoires, étaient positivement corrélées aux performances ultérieures en lecture. Les enfants dont les parents ont des attitudes favorables à la lecture ont obtenu des notes plus élevées en compréhension de l'écrit. Les élèves parlant à la maison la langue utilisée dans l'évaluation avaient tendance à obtenir des scores plus élevés que ceux parlant d'autres langues. Les réponses des directeurs d'école montraient que pendant les cinq premières années et dans tous les systèmes éducatifs, l'accent était plus fortement mis sur la lecture que sur toutes les autres matières du programme.

En moyenne, les enseignants ont déclaré qu'ils demandaient, tous les jours, à la majorité des élèves de 4ᵉ année de lire à voix haute devant la classe. Ils utilisaient relativement peu les bibliothèques, même si celles-ci étaient généralement disponibles. En moyenne, la plupart des enseignants se fondaient sur leurs propres évaluations plutôt que sur des tests objectifs pour suivre les progrès des élèves. Près de deux élèves sur trois ont déclaré lire des histoires ou des romans au moins une fois par semaine. Dans tous les systèmes, l'attitude des élèves à l'égard de la lecture était positivement corrélée à la performance en lecture.

ÉTUDES INTERNATIONALES | 131

TABLEAU B.2.1
Pourcentage des élèves dans les catégories de performance PIRLS en compréhension de l'écrit, 4ᵉ année

Pays	Catégorie des 10 % supérieurs	Catégorie du quart supérieur	Catégorie médiane	Catégorie du quart inférieur
** Angleterre	24 (1.6)	45 (1.9)	72 (1.6)	90 (1.0)
Bulgarie	21 (1.3)	45 (1.9)	72 (1.9)	91 (1.1)
Suède	20 (1.1)	47 (1.4)	80 (1.3)	96 (0.5)
* États-Unis	19 (1.3)	41 (2.0)	68 (2.0)	89 (1.2)
Nouvelle-Zélande	17 (1.4)	35 (1.7)	62 (1.9)	84 (1.3)
¶ Canada	16 (1.0)	37 (1.3)	69 (1.3)	93 (0.6)
Singapour	15 (1.5)	35 (2.3)	64 (2.3)	85 (1.6)
* Pays-Bas	14 (1.0)	40 (1.7)	79 (1.5)	98 (0.5)
Italie	14 (1.0)	36 (1.3)	69 (1.5)	92 (0.8)
* Écosse	14 (1.1)	32 (1.8)	62 (1.8)	87 (1.1)
Hongrie	13 (0.9)	36 (1.5)	71 (1.2)	94 (0.6)
¹ Lituanie	13 (1.4)	36 (1.7)	71 (1.7)	95 (0.6)
Lettonie	12 (1.1)	36 (1.6)	73 (1.5)	96 (0.6)
Allemagne	12 (0.8)	34 (1.3)	69 (1.2)	93 (0.6)
² Israël	11 (0.8)	28 (1.2)	54 (1.4)	79 (1.1)
Roumanie	11 (1.3)	27 (2.0)	54 (2.1)	81 (1.7)
République tchèque	10 (0.9)	32 (1.5)	68 (1.5)	93 (0.7)
² Grèce	10 (0.8)	28 (2.0)	60 (2.2)	89 (0.9)
France	9 (0.9)	26 (1.2)	60 (1.4)	90 (0.9)
² Fédération de Russie	8 (1.0)	27 (2.1)	64 (2.3)	92 (1.6)
République slovaque	7 (1.0)	23 (1.4)	59 (1.7)	88 (1.1)
Islande	7 (0.6)	23 (1.0)	53 (1.0)	85 (0.8)
RAS de Hong Kong, Chine	6 (0.7)	26 (1.7)	64 (1.9)	92 (1.1)
Norvège	6 (0.9)	19 (1.2)	48 (1.4)	80 (1.4)
Chypre	6 (0.8)	18 (1.3)	45 (1.6)	77 (1.4)
Slovénie	4 (0.5)	17 (1.0)	48 (1.2)	83 (0.9)
Moldavie, Rép. de	4 (0.9)	15 (1.8)	79 (1.7)	42 (2.5)
Macédoine, Rép. de	3 (0.4)	10 (0.9)	28 (1.5)	55 (2.1)
Turquie	2 (0.3)	7 (0.9)	25 (1.6)	58 (1.7)
Argentine	2 (0.4)	5 (0.8)	17 (1.6)	46 (2.5)
Iran, Rép. islamique d'	1 (0.2)	4 (0.5)	16 (1.4)	42 (1.9)
Colombie	1 (0.4)	3 (0.8)	45 (2.4)	14 (1.5)
² Maroc	1 (0.9)	3 (1.4)	8 (2.1)	23 (3.0)
Koweït	0 (0.1)	2 (0.4)	10 (1.1)	36 (2.0)
Belize	0 (0.2)	1 (0.4)	5 (0.6)	16 (1.3)
Ontario (Canada)	19 (1.4)	40 (1.8)	70 (1.6)	92 (0.8)
Québec (Canada)	11 (1.0)	31 (1.8)	67 (2.0)	94 (0.8)

Catégorie des 10 % supérieurs (90e centile) = 615
Catégorie du quart supérieur (75e centile) = 570
Catégorie médiane (50e centile) = 510
Catégorie du quart inférieur (25e centile) = 435

*   Le Canada n'est représenté que par les provinces de l'Ontario et du Québec. La moyenne internationale n'inclut pas les résultats de ces provinces séparément.

†   N'a respecté les directives sur les taux de participation de l'échantillon qu'après l'inclusion des écoles de remplacement (voir pièce A.7).

‡   A tout juste respecté les directives sur les taux de participation de l'échantillon et ce, uniquement après inclusion des écoles de remplacement (voir pièce A.7).

¶   La population nationale souhaitée ne couvre pas toute la population internationale souhaitée. Parce que la couverture est inférieure à 65 %, le Canada est noté comme « Canada (O, Q) » pour les provinces de l'Ontario et du Québec uniquement.

2a La population nationale définie couvre moins de 95 % de la population internationale souhaitée (voir pièce A.4).

2b La population nationale définie couvre moins de 80 % de la population internationale souhaitée (voir pièce A.4).

( ) Les écarts types apparaissent entre parenthèses. Parce que les résultats sont arrondis à l'entier le plus proche, certains totaux peuvent sembler incohérents.

Source : Mullis et coll., 2004, pièce 1.1. Reproduit avec autorisation.

B.3. PROGRAMME INTERNATIONAL POUR LE SUIVI DES ACQUIS DES ÉLÈVES

Cadre

Le Programme international pour le suivi des acquis des élèves (PISA) évalue les savoirs et savoir-faire des élèves de quinze ans à des intervalles de trois ans sous les auspices de l'Organisation de coopération et de développement économiques (OCDE). L'enquête PISA a été développée pour fournir des indicateurs réguliers de la performance des élèves en fin de scolarité obligatoire en vue de l'élaboration des indicateurs internationaux de l'OCDE sur les systèmes éducatifs.

Les élèves sont évalués dans trois domaines : compréhension de l'écrit, culture mathématique et culture scientifique. À ce jour, trois évaluations PISA ont été réalisées. En 2000, la compréhension de l'écrit était le principal domaine évalué, avec les mathématiques et les sciences comme domaines secondaires. En 2003, le domaine principal était les mathématiques ; les domaines secondaires étant la compréhension de l'écrit et les sciences. En 2006, c'était au tour des sciences de constituer le domaine principal, tandis que les domaines secondaires étaient la compréhension de l'écrit et les mathématiques.

Les épreuves PISA sont conçues pour être utilisées par chacun des pays pour a) évaluer les savoir-faire en compréhension de l'écrit de ses élèves par rapport à ceux des pays participants ; b) constituer des références permettant de suivre l'amélioration de l'éducation par comparaison avec les performances des élèves d'autres pays ; et c) évaluer sa capacité à entretenir des niveaux élevés d'équité en matière de chances et de résultats éducatifs. Les épreuves PISA cherchent à évaluer dans quelle mesure les élèves sur le point de terminer leur scolarité obligatoire ont acquis certains des savoirs et savoir-faire indispensables pour participer pleinement à la société.

Participants

En 2000, 32 pays ont participé au PISA. Deux ans plus tard, 11 pays supplémentaires ont effectué les tâches d'évaluation du PISA 2000. Aucun pays africain n'a participé à l'évaluation de 2000. Les participants d'Asie/du Moyen-Orient comprenaient deux pays de l'OCDE

(Japon et République de Corée) et cinq pays « partenaires » non membres de l'OCDE (Fédération de Russie ; RAS de Hong Kong, Chine ; Indonésie ; Israël et Thaïlande). Les systèmes participants d'Amérique latine et des Caraïbes comprenaient le Mexique ainsi que les pays non membres de l'OCDE suivants : Argentine, Brésil, Chili et Pérou. Les 30 États membres de l'OCDE et 11 systèmes « partenaires » ont pris part à l'évaluation en 2003. Parmi les nouveaux systèmes partenaires, un se trouvait en Afrique (Tunisie) ; un en Asie (RAS de Macao, Chine) ; et un autre en Amérique latine et Caraïbes (Uruguay). Trois systèmes partenaires de l'évaluation initiale (Argentine, Chili et Pérou) n'ont pas participé en 2003. La Turquie, un pays de l'OCDE, a participé pour la première fois en 2003. En 2006, le nombre de systèmes participants était passé à 57. La Tunisie est restée le seul système africain participant. Les nouveaux systèmes partenaires en Asie/Moyen-Orient comprenaient l'Azerbaïdjan, la Jordanie, le Kirghizistan, le Qatar et Taipei chinois. Les systèmes d'Amérique latine qui avaient participé aux évaluations de 2000 ou de 2003 ont passé les épreuves PISA en 2006, de même qu'un nouveau système partenaire (Colombie).

La population étudiée est constituée d'élèves de quinze ans. Ils font l'objet d'un échantillonnage aléatoire à travers les années scolaires dans les écoles participantes.

Instruments

L'épreuve de compréhension de l'écrit suppose que les élèves sont techniquement capables de lire et s'efforce d'évaluer leur aptitude à comprendre et à réfléchir, dans différentes situations, à partir d'un large éventail de textes écrits. Il couvre trois dimensions : le *contenu* ou *format* des textes (continu, comme les narrations et descriptions, ou discontinu, comme les tableaux, graphiques et formulaires) ; les *processus* qui doivent être effectués (localisation, compréhension, interprétation, réflexion/évaluation) ; et le *contexte* où les savoirs et savoir-faire sont mis à contribution ou appliqués (usages personnel, public, professionnel et éducatif).

L'épreuve de culture mathématique porte sur l'aptitude des élèves à formuler, employer et interpréter les mathématiques dans un éventail de contextes. Le cadre mathématique comprend trois dimensions : le *contenu* (quantité, espace et formes, variations et relations, incertitude et données) ; les *compétences* (groupe de reproduction, groupe de connexions et groupe de réflexion) ; et le *contexte* (personnel, professionnel, sociétal, et scientifique). Les items de l'épreuve se rapprochent davantage de situations « réelles » que ne le font normalement les tests de performance conventionnels (voir figure B.3.1).

FIGURE B.3.1

Exemple d'items de mathématiques du PISA

Menuisier

Un menuisier dispose de 32 mètres de bois et veut construire une bordure autour d'une plate-bande. Il envisage les plans suivants pour la plate-bande.

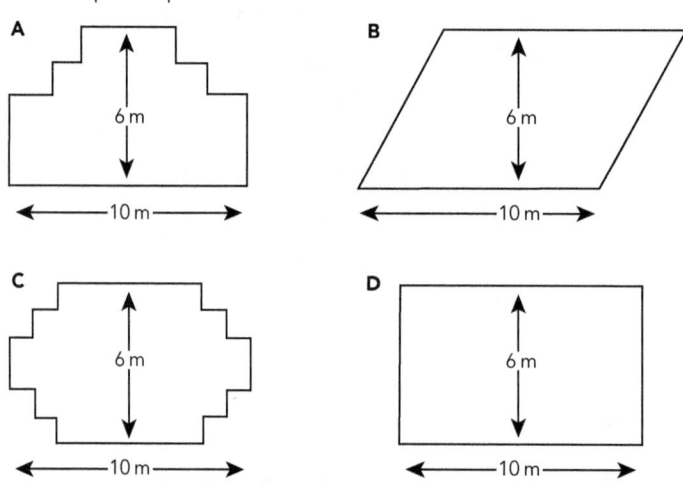

Question 1	
Pour chaque plan, entourer « oui » ou « non » pour indiquer si la bordure peut être construite avec 32 mètres de bois.	
Plan de la plate-bande	En utilisant ce plan, est-il possible de construire une bordure avec 32 mètres de bois ?
Plan A	Oui / Non
Plan B	Oui / Non
Plan C	Oui / Non
Plan D	Oui / Non

Source : OCDE, 2003. Reproduit avec autorisation.

L'épreuve de culture scientifique évalue l'aptitude des élèves à tirer des conclusions appropriées à partir des éléments et de l'information fournis, de critiquer des affirmations sur la base d'éléments probants et de faire la différence entre des opinions et des déclarations fondées sur des preuves. Le cadre pour la science comprend trois dimensions : *concepts* (scientifiques en rapport avec la physique, la chimie, la biologie et les sciences de la Terre et de l'espace) ; *processus* (décrire, expliquer et prévoir des phénomènes scientifiques ; comprendre la démarche scientifique ; et interpréter des données et des conclusions scientifiques) ; et *application* (à la vie et à la santé ; à la Terre et à l'environnement ; à la technologie).

Pour assure une couverture correcte des domaines d'intérêt, l'épreuve doit comporter un nombre d'items nettement supérieur à celui auquel un élève est à même de répondre. Les items de l'épreuve sont donc répartis en treize carnets constitués de diverses combinaisons pour les mathématiques, la compréhension de l'écrit, les sciences et la résolution de problèmes.

Des questionnaires sont administrés aux élèves (pour recueillir des renseignements sur leur engagement vis-à-vis de l'apprentissage, leurs stratégies d'apprentissage et leurs idées à propos d'eux-mêmes ; leur perception de l'environnement d'apprentissage ; et leur milieu familial) et aux directeurs d'école (pour obtenir des informations sur les politiques et pratiques scolaires et la qualité des ressources disponibles) (OCDE, 2004b).

Quelques constatations

Les rapports PISA présentent les notes moyennes des pays dans un « palmarès » (figure B.3.2). Il classe également la performance des élèves par niveaux de compétence, basés sur ce que, selon les scores aux épreuves, les élèves sont typiquement capables de faire. La figure B.3.3 décrit les savoir-faire associés à chacun des six niveaux de compétence PISA pour les mathématiques. La figure suivante (figure B.3.4) résume la performance des élèves de chaque pays par niveau de compétence.

Les résultats montrent des différences très importantes entre des pays tels que la Finlande, la République de Corée et le Canada, où la majorité des élèves ont obtenu un score supérieur au niveau 2, et le

FIGURE B.3.2

Scores moyens et scores des sous-échelles de compréhension de l'écrit aux épreuves PISA, 2000

Sous-échelles de compréhension de l'écrit

Score combiné de compréhension de l'écrit		Localisation de l'information		Interprétation des textes		Réflexion sur les textes	
Pays	**Moyenne**	**Pays**	**Moyenne**	**Pays**	**Moyenne**	**Pays**	**Moyenne**
Finlande	546	Finlande	556	Finlande	555	Canada	542
Canada	534	Australie	536	Canada	532	Royaume-Uni	539
Nouvelle-Zélande	529	Nouvelle-Zélande	535	Australie	527	Irlande	533
Australie	528	Canada	530	Irlande	526	Finlande	533
Irlande	527	Corée, Rép. de	530	Nouvelle-Zélande	526	Japon	530
Corée, Rép. de	525	Japon	526	Corée, Rép. de	525	Nouvelle-Zélande	529
Royaume-Uni	523	Irlande	524	Suède	522	Australie	526
Japon	522	Royaume-Uni	523	Japon	518	Corée, Rép. de	526
Suède	516	Suède	516	Islande	514	Autriche	512
Autriche	507	France	515	Royaume-Uni	514	Suède	510
Belgique	507	Belgique	515	Belgique	512	**États-Unis**	507
Islande	507	Norvège	505	Autriche	508	Norvège	506
Norvège	505	Autriche	502	France	506	Espagne	506
France	505	Islande	500	Norvège	505	Islande	501
États-Unis	504	**États-Unis**	499	**États-Unis**	505	Danemark	500
Danemark	497	Suisse	498	République tchèque	500	Belgique	497
Suisse	494	Danemark	498	Suisse	496	France	496
Espagne	493	Italie	488	Danemark	494	Grèce	495
République tchèque	492	Espagne	483	Espagne	491	Suisse	488
Italie	487	Allemagne	483	Italie	489	République tchèque	485
Allemagne	484	République tchèque	481	Allemagne	488	Italie	483
Hongrie	480	Hongrie	478	Pologne	482	Hongrie	481
Pologne	479	Pologne	475	Hongrie	490	Portugal	480
Grèce	474	Portugal	455	Grèce	475	Allemagne	478
Portugal	470	Grèce	450	Portugal	473	Pologne	477
Luxembourg	441	Luxembourg	433	Luxembourg	446	Mexique	446
Mexique	422	Mexique	402	Mexique	419	Luxembourg	442
Moyenne de l'OCDE	500	Moyenne de l'OCDE	498	Moyenne de l'OCDE	501	Moyenne de l'OCDE	502
Pays non membres de l'OCDE		Pays non membres de l'OCDE		Pays non membres de l'OCDE		Pays non membres de l'OCDE	
Liechtenstein	483	Liechtenstein	492	Liechtenstein	484	Liechtenstein	468
Fédération de Russie	462	Lettonie	451	Fédération de Russie	468	Lettonie	458
Lettonie	458	Fédération de Russie	451	Lettonie	459	Fédération de Russie	455
Brésil	396	Brésil	365	Brésil	400	Brésil	417

REMARQUE : Bien que les Pays-Bas aient participé aux épreuves PISA en 2000, des problèmes techniques liés à leur échantillon empêchent de discuter ici leurs résultats. Pour plus d'information sur les résultats obtenus par les Pays-Bas, voir OCDE, 2001. La moyenne de l'OCDE est la moyenne des moyennes nationales des 27 pays de l'OCDE. L'enquête PISA étant principalement une étude de l'OCDE, les résultats des pays non membres de l'OCDE sont présentés séparément de ceux des pays de l'OCDE et ne sont pas inclus dans la moyenne de ces derniers.

□ La moyenne est nettement plus élevée que celle des États-Unis. □ La moyenne n'est pas sensiblement différente de celle des États-Unis.

□ La moyenne est sensiblement plus faible que celle des États-Unis.

Source : OCDE, 2001, figure 3. Reproduit avec autorisation.

Brésil, la Tunisie et l'Indonésie, où seule une petite minorité a atteint ce niveau de compétence. Il a également été constaté que moins de 5 % des élèves des pays de l'OCDE atteignaient le niveau 6, alors qu'environ un tiers était capable d'effectuer les tâches associées aux niveaux 4, 5 et 6. En mathématiques, 11 % des élèves n'étaient pas capables d'effectuer les tâches du niveau 1. Dans la plupart des pays, les garçons avaient tendance à obtenir de meilleurs scores que les filles, notamment pour les tâches associées à l'espace et aux formes. Dans certains pays (Australie, Autriche, Japon, Norvège, Pays-Bas et Pologne), les différences de performance entre les sexes n'étaient pas significatives. Les filles avaient tendance à avoir moins d'intérêt pour

FIGURE B.3.3

Niveaux de compétence des élèves en mathématiques aux épreuves PISA

Points de score	Niveau	Compétences
668	6	Au niveau 6, les élèves sont capables de conceptualiser, de généraliser et d'utiliser des informations sur la base de leurs propres recherches et de la modélisation de problèmes complexes. Ils peuvent établir des liens entre différentes représentations et sources d'information et passer des unes aux autres sans difficulté. Les élèves à ce niveau peuvent se livrer à des raisonnements et à des réflexions mathématiques difficiles. Ils peuvent s'appuyer sur leur compréhension approfondie et leur maîtrise des relations symboliques et des opérations mathématiques classiques pour élaborer de nouvelles approches et de nouvelles stratégies à appliquer lorsqu'ils sont face à des situations qu'ils n'ont jamais rencontrées. Ils peuvent décrire clairement et communiquer avec précision leurs actes et les fruits de leur réflexion – résultats, interprétations, arguments – qui sont en adéquation avec les situations initiales.
606	5	Au niveau 5, les élèves peuvent élaborer et utiliser des modèles dans des situations complexes pour identifier des contraintes et construire des hypothèses. Ils sont capables de choisir, de comparer et d'appliquer des stratégies de résolutions de problèmes leur permettant de s'attaquer à des problèmes complexes en rapport avec ces modèles. À ce niveau, les élèves peuvent aborder les situations sous un angle stratégique en mettant en œuvre un grand éventail de compétences pointues de raisonnement et de réflexion, en utilisant les caractérisations symboliques et formelles et les représentations s'y afférent et en s'appuyant sur leur compréhension approfondie de ces situations. Ils peuvent réfléchir à leurs actes et formuler et communiquer leurs interprétations et leur raisonnement.
544	4	Au niveau 4, les élèves sont capables d'utiliser des modèles explicites pour faire face à des situations concrètes complexes qui peuvent leur demander de tenir compte de contraintes ou de construire des hypothèses. Ils peuvent choisir et intégrer différentes représentations, dont des représentations symboliques, et les relier directement à certains aspects de situations tirées du monde réel. À ce niveau, les élèves peuvent mettre en œuvre un éventail de compétences pointues dans ces situations et raisonner avec une certaine souplesse en s'appuyant sur leur compréhension de ces contextes. Ils peuvent formuler des explications et des arguments sur la base de leurs interprétations et de leurs actions et les communiquer.
482	3	Au niveau 3, les élèves peuvent appliquer des procédures bien définies, notamment celles qui leur demandent de prendre des décisions séquentielles. Ils peuvent choisir et mettre en œuvre des stratégies simples de résolution de problèmes. À ce niveau, les élèves peuvent interpréter et utiliser des représentations basées sur différentes sources d'information et construire leur raisonnement directement sur cette base. Ils peuvent rendre compte succinctement de leurs interprétations, de leurs résultats et de leur raisonnement.
420	2	Au niveau 2, les élèves peuvent interpréter et reconnaître des situations dans des contextes qui leur demandent tout au plus d'établir des inférences directes. Ils ne peuvent puiser des informations pertinentes que dans une seule source d'information et n'utiliser qu'un seul mode de représentation. Les élèves à ce niveau sont capables d'utiliser des algorithmes, des formules, des procédures ou des conventions élémentaires. Ils peuvent se livrer à un raisonnement direct et interpréter les résultats de manière littérale.
358	1	Au niveau 1, les élèves peuvent répondre à des questions s'inscrivant dans des contextes familiers, dont la résolution ne demande pas d'autres informations que celles présentes et qui sont énoncées de manière explicite. Ils sont capables d'identifier les informations et d'appliquer des procédures de routine sur la base de consignes directes dans des situations explicites. Ils peuvent exécuter des actions qui vont de soi et qui découlent directement du stimulus donné.

Source : OCDE, 2004a, figure 1. Reproduit avec autorisation.

FIGURE B.3.4

Pourcentage des élèves à chaque niveau de compétence de l'échelle de culture mathématique du PISA

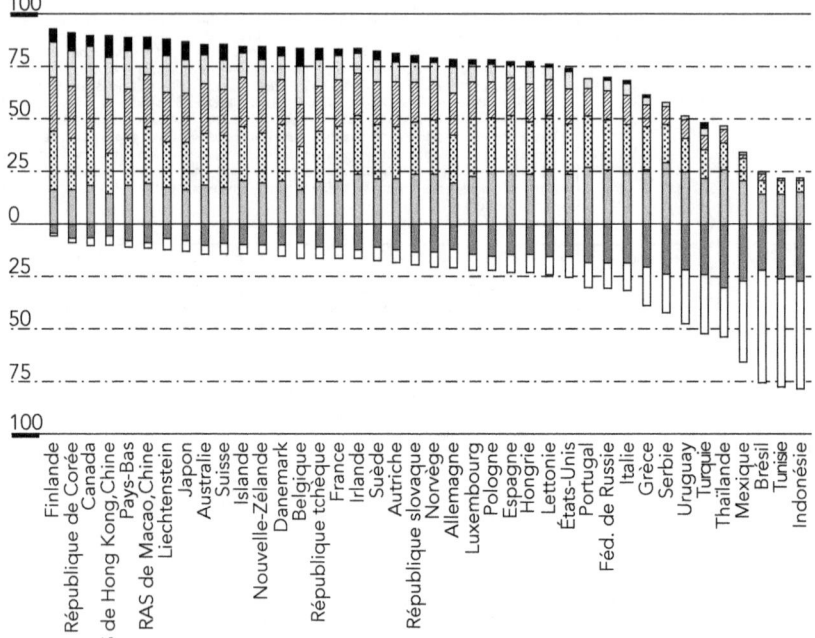

Les pays sont classés par ordre décroissant des pourcentages d'élèves de 15 ans aux niveaux 2, 3, 4, 5 et 6.

☐ En dessous du niveau 1   ■ Niveau 1   ☐ Niveau 2   ☒ Niveau 3
▨ Niveau 4   ☐ Niveau 5   ■ Niveau 6

Source: OCDE, 2003b, figure 2.16a. Reproduit avec autorisation.

les mathématiques et à moins les apprécier. Elles ont déclaré ressentir plus de stress que les garçons dans ce domaine du programme de cours. Les élèves des États-Unis ont généralement une meilleure confiance en eux en mathématiques que ceux d'autres pays. En revanche, les élèves du Japon et de la République de Corée, qui ont obtenu les meilleurs scores à l'épreuve de mathématiques, avaient tendance à avoir une opinion relativement mauvaise de leurs capacités dans cette matière. La profession des parents et leur soutien à l'éducation étaient fortement corrélés aux performances des élèves.

Les différences de performance en sciences étaient rarement manifestes entre les sexes. Des pourcentages similaires de garçons et de filles ont obtenu des scores particulièrement élevés et faibles. En compréhension de l'écrit, le score moyen de la Finlande était supérieur à la moyenne de l'OCDE de plus d'un demi-niveau de compétence. La Finlande, la République de Corée et le Canada ont également enregistré des différences internes relativement faibles, témoignant ainsi de plus hauts niveaux d'équité dans l'enseignement que la plupart des pays participants. Très peu d'élèves en Indonésie, Tunisie ou Serbie ont atteint un niveau 3 ou plus (voir figure B.3.5).

FIGURE B.3.5

Pourcentage des élèves à chaque niveau de compétence de l'échelle de compréhension de l'écrit du PISA

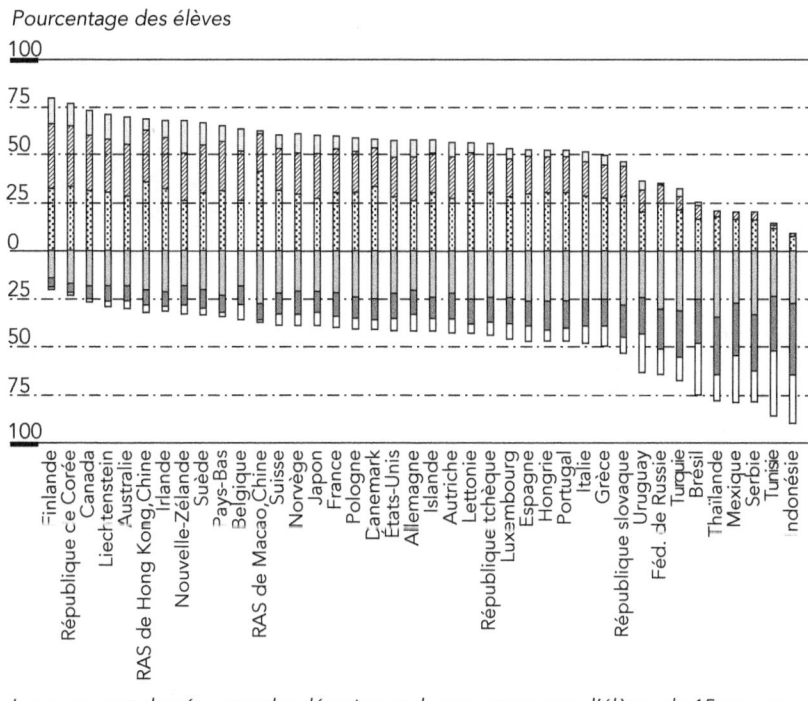

Les pays sont classés par ordre décroissant des pourcentages d'élèves de 15 ans aux niveaux 3, 4 et 5.

☐ En dessous du niveau 1   ■ Niveau 1   ☐ Niveau 2   ▩ Niveau 3
▨ Niveau 4   ☐ Niveau 5

Source: OCDE, 2004b, figure 6.2. Reproduit avec autorisation.

ANNEXE C ÉTUDES RÉGIONALES

C.1. CONSORTIUM DE L'AFRIQUE AUSTRALE ET ORIENTALE POUR LE PILOTAGE DE LA QUALITÉ DE L'ÉDUCATION

Cadre

Le Consortium de l'Afrique australe et orientale pour le pilotage de la qualité de l'éducation (SACMEQ) est un groupement volontaire de ministères de l'Éducation de pays d'Afrique australe et orientale, comprenant l'Afrique du Sud, le Botswana, le Kenya, le Lesotho, le Malawi, Maurice, le Mozambique, la Namibie, l'Ouganda, les Seychelles, le Swaziland, la Tanzanie (continentale), la Tanzanie (Zanzibar), la Zambie et le Zimbabwe. Lancé en 1995 avec le concours de l'Institut international de planification de l'éducation (IIPE) de l'Organisation des Nations Unies pour l'éducation, la science et la culture (UNESCO), le SACMEQ a été conçu pour a) renforcer la capacité institutionnelle à travers une formation commune (« apprentissage par la pratique » destiné aux planificateurs de l'éducation) et une recherche coopérative sur la scolarisation et la qualité de l'éducation (par exemple, l'identification des faiblesses des systèmes éducatifs en matière d'intrants et de processus) et b) suivre l'évolution de la performance (IIPE, 2007).

Une caractéristique notable du SACMEQ est sa stratégie de consultation systématique des décideurs de haut niveau de l'État, dans le but d'identifier les questions susceptibles d'être abordées dans les études empiriques. Il cherche également à promouvoir la participation des parties concernées et une plus grande transparence dans la prise de décision. La première série d'études SACMEQ a été réalisée entre 1995 et 1999.

Les préoccupations politiques des études SACMEQ II réalisées entre 2000 et 2003 étaient regroupées sous cinq thèmes principaux (Murimba, 2005b ; Passos et coll., 2005) :

- caractéristiques des élèves et de leurs environnements d'apprentissage ;
- caractéristiques et perceptions des enseignants (par exemple, en matière d'enseignement et de ressources) ;
- caractéristiques et perceptions des directeurs d'école (par exemple, en matière de fonctionnement des établissements et de problèmes rencontrés) ;
- équité dans l'allocation des ressources humaines et matérielles entre les régions et les établissements ;
- performances des élèves et de leurs enseignants en lecture et mathématiques.

Le SACMEQ était fondé sur une étude antérieure (1991) réalisée au Zimbabwe (Ross et Postlethwaite, 1991) et a commencé comme une série d'études nationales. Il avait néanmoins une dimension internationale dans la mesure où les études avaient de nombreuses caractéristiques en commun (questions de recherche, instruments, populations cibles, procédures d'échantillonnage et analyses). Chaque pays a fait l'objet d'un rapport distinct. Des comparaisons internationales ont été faites pour le SACMEQ II, mais pas pour le SACMEQ I.

Instruments

Les données sur les niveaux des élèves en compréhension de l'écrit et numératie ont été recueillies à l'aide d'un test de performance. Un certain nombre d'items de l'enquête TIMSS ont été intégrés dans les épreuves SACMEQ II afin de recueillir des données de comparaison. Des questionnaires ont été utilisés pour collecter des données de base sur les intrants éducatifs, les conditions générales de scolarité et l'équité dans l'allocation des ressources humaines et matérielles. L'information sur le milieu familial a été obtenue à l'aide de questionnaires demandant aux élèves d'indiquer le nombre des biens existant dans leurs maisons à partir d'une liste d'éléments tels qu'un quotidien, un magazine hebdomadaire ou mensuel, un poste de radio, un téléviseur, un téléphone, une motocyclette, une bicyclette, l'eau courante et l'électricité.

Les épreuves SACMEQ II reprennent des items sélectionnés dans quatre études antérieures : l'étude des Indicateurs de qualité de l'éducation au Zimbabwe, le SACMEQ I, l'enquête TIMSS et l'étude de la compréhension de l'écrit de l'Association internationale pour l'évaluation du rendement scolaire (IEA). L'utilisation de ces items a permis de comparer les performances des élèves dans ces études avec celles atteintes dans le SACMEQ II.

Les rapports accordent une place considérable à la description des caractéristiques des enseignants (leurs qualifications, par exemple) et des conditions dans les établissements (le mobilier, les fournitures, la taille des classes et l'espace, par exemple), à leur comparaison avec les données de référence du ministère, et à leurs variations en fonction des établissements et de la situation géographique.

Le SACMEQ II a adopté la définition de la compréhension de l'écrit utilisée dans l'étude de l'IEA (en 1990) : « [L']aptitude à comprendre et à utiliser les formes du langage écrit requises par la société et/ou valorisées par l'individu » (Elley, 1992, 3). Les épreuves ont également été mises au point sur la base des trois domaines identifiés dans l'étude de l'IEA :

- *Prose narrative*. Texte continu où l'auteur cherche à raconter une histoire réelle ou fictive.
- *Prose explicative*. Texte continu visant à décrire, expliquer, ou autrement communiquer une information factuelle ou une opinion.
- *Documents*. Information structurée présentée sous forme de diagrammes, tableaux, cartes, graphiques, listes ou ensembles d'instructions.

Un tableau des spécifications a croisé ces trois domaines avec sept niveaux de compétence en lecture :

- Citation littérale
- Concept de paraphrase
- Identification de l'idée principale
- Déduction à partir du texte
- Localisation de l'information
- Localisation et traitement
- Application des règles.

Le SACMEQ II définit la culture mathématique comme « la capacité à comprendre et à appliquer des algorithmes mathématiques et à en tirer des jugements en tant qu'individu et que membre de la société en général » (Shabalala, 2005, 76). L'épreuve a évalué la compétence dans trois domaines :

- *Nombres*. Opérations et droite numérique, racines carrées, arrondi et valeur associée à la position des chiffres dans un nombre, chiffres significatifs, fractions, pourcentages, ratios.
- *Mesures*. Distance, longueur, superficie, capacité, monétaires, temps.
- *Données spatiales*. Formes géométriques, graphiques, tableaux de données.

Le tableau des spécifications a fait correspondre ces trois domaines avec cinq niveaux de compétence « proposés » (ou attendus), allant, par exemple, de la capacité d'effectuer des opérations simples uniques sur des nombres à deux chiffres maximum (niveau 1) jusqu'à la capacité de faire des calculs comportant plusieurs étapes et un mélange d'opérations utilisant des fractions, des nombres décimaux et entiers (niveau 5).

La plupart des items de l'épreuve étaient à choix multiples.

Les résultats ont été présentés sous trois formes : a) scores moyens ; b) pourcentages des élèves ayant atteint les niveaux de performance minimum et souhaités ; et c) pourcentages des élèves ayant atteint les huit niveaux de compétence définis à l'aide de la théorie de la réponse à l'item (Rasch).

Les scores moyens sont les mesures moyennes de la performance de différentes catégories d'élèves (par exemple, les garçons et les filles, les élèves des provinces ou des districts).

Avant la collecte des données, les niveaux de performance minimum et souhaités ont été définis par des comités d'experts (composés de spécialistes des programmes de cours, de chercheurs et d'enseignants expérimentés). Deux niveaux ont été identifiés :

- Un niveau *minimum* indiquant que l'élève devrait à peine suivre pendant l'année scolaire suivante.
- Un niveau *souhaité* indiquant que l'élève devrait être capable de réussir l'année suivante.

Des analyses ont été effectuées pour identifier les niveaux de compétence atteints par les élèves et donner une meilleure idée de la nature des performances des élèves. Les compétences en compréhension de l'écrit associées aux huit niveaux étaient les suivants :

- *Niveau 1*. Prélecture : faire correspondre des mots et des images représentant des concepts concrets et des objets du quotidien.
- *Niveau 2*. Lecture débutante : faire correspondre des mots et des images représentant des concepts plus abstraits tels que des propositions de position ou de direction ; utiliser des systèmes d'indices pour interpréter les phrases dans la suite du texte.
- *Niveau 3*. Lecture élémentaire : interpréter le sens (en faisant correspondre les mots ou expressions qui complètent une phrase) d'un texte court et simple.
- *Niveau 4*. Lecture de compréhension : parcourir le texte vers l'avant et l'arrière pour relier et interpréter des informations situées à divers endroits.
- *Niveau 5*. Lecture interprétative : parcourir le texte vers l'avant et l'arrière pour combiner et interpréter des informations situées à divers endroits, en association avec des informations externes (rappelées) qui complètent le sens et le mettent dans son contexte.
- *Niveau 6*. Lecture inférentielle : lire des textes (narratifs, informatifs) plus longs pour combiner des informations tirées de diverses parties du texte afin d'en déduire l'intention de l'auteur.
- *Niveau 7*. Lecture analytique : localiser des informations dans des textes (narratifs, informatifs) plus longs pour combiner des informations afin d'en déduire les convictions personnelles de l'auteur (système de valeurs, préjugés, partis pris).

- *Niveau 8.* Lecture critique : localiser des informations dans des textes (narratifs, informatifs) plus longs pour déduire et évaluer les hypothèses de l'auteur à propos du sujet et des caractéristiques du lecteur (par exemple, âge, connaissances, convictions personnelles, valeurs).

Les compétences en mathématiques associées aux huit niveaux étaient les suivantes :

- *Niveau 1.* Prénumératie : effectuer des opérations simples d'addition ou de soustraction sur des nombres à un chiffre ; reconnaître des formes simples ; faire correspondre des nombres à un chiffre et des images ; compter les nombres entiers.
- *Niveau 2.* Numératie débutante : effectuer des opérations d'addition ou de soustraction sur des nombres à deux chiffres, avec des retenues et une vérification (par une estimation simple) ; déterminer la longueur de formes familières ; reconnaître des formes bidimensionnelles courantes.
- *Niveau 3.* Numératie élémentaire : traduire des informations graphiques en fractions ; reconnaître la valeur associée à la position des chiffres dans des nombres entiers inférieurs ou égaux à mille ; interpréter des unités de mesure quotidiennes simples courantes.
- *Niveau 4.* Numératie débutante : effectuer différentes opérations mathématiques sur des nombres entiers, fractions et/ou nombres décimaux.
- *Niveau 5.* Numératie démontrée : résoudre des problèmes à l'aide d'opérations multiples impliquant des unités de mesure quotidiennes, des nombres entiers et mixtes.
- *Niveau 6.* Compétence mathématique : résoudre des problèmes à l'aide d'opérations multiples impliquant des fractions, des rapports et des nombres décimaux ; traduction sous forme symbolique, algébrique et d'équations d'informations présentées de manières verbale et graphique.
- *Niveau 7.* Résolution de problèmes concrets : extraction d'informations de tableaux, graphiques et représentations visuelles et symboliques pour identifier et résoudre des problèmes à plusieurs étapes.

- *Niveau 8*. Résolution de problèmes abstraits : identification de la nature d'un problème mathématique implicite intégré dans une information verbale ou graphique, et traduction sous forme algébrique ou d'équations pour résoudre le problème.

Participants

Entre 1995 et 1999, 7 ministères de l'Éducation ont recueilli des informations dans le SACMEQ I sur la compréhension de l'écrit des élèves de 6ᵉ année. Entre 2000 et 2002, 14 ministères ont participé aux enquêtes SACMEQ II sur la compréhension de l'écrit et la numératie des élèves de 6ᵉ année. Les conditions différaient considérablement d'un pays à l'autre. Par exemple, le revenu national brut des Seychelles (6 730 dollars EU) était près de 40 fois supérieur à celui du Malawi (170 dollars EU). La dépense publique dans l'éducation allait de 30 % au Swaziland à 7 % en Tanzanie, tandis que le pourcentage d'une cohorte de même âge scolarisée dans le primaire variait entre environ 40 % au Mozambique et un peu plus de 90 % à Maurice, aux Seychelles et en Afrique du Sud (Murimba, 2005b).

Tout comme les élèves, les enseignants ont répondu aux épreuves dans un certain nombre de pays.

Quelques constatations

Les pays présentaient des différences de performance considérables (Figure C.1.1). Seul 1 % des élèves de 6ᵉ année avaient atteint le niveau « souhaité » en compréhension de l'écrit au Malawi, contre 37 % au Zimbabwe. Dans les pays participant au SACMEQ II, près de 4 élèves sur 10 avaient atteint le niveau « minimum » de maîtrise en compréhension de l'écrit (fixé par chaque pays avant que l'épreuve soit administrée), mais seulement 1 sur 10 le niveau « souhaité ».

La comparaison des scores en compréhension de l'écrit des élèves urbains et ruraux a révélé de grandes différences en faveur des élèves urbains dans quatre pays (Kenya, Namibie, Tanzanie et Zambie), tandis qu'à Maurice et aux Seychelles, la différence n'était pas statistiquement significative. Les causes probables des différences entre les milieux urbains et ruraux étaient complexes. Par rapport à ceux des

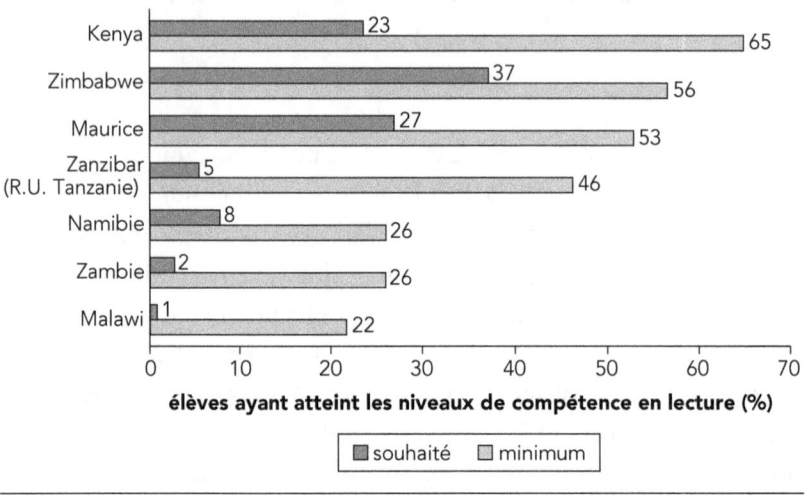

FIGURE C.1.1

Pourcentage des élèves de 6ᵉ année ayant atteint les niveaux de compétence SACMEQ en compréhension de l'écrit, 1995-1998

Source : UNESCO, 2004, Figure 3.1. Reproduit avec autorisation.

milieux urbains, les élèves des zones rurales avaient un statut socioéconomique familial plus bas, étaient plus âgés, plus susceptibles d'avoir redoublé une année et de recevoir moins de soutien à domicile pour leurs devoirs scolaires. En outre, les écoles rurales bénéficiaient en général de ressources moins importantes et de moins bonne qualité que les écoles urbaines, ce qui se reflétait dans la façon dont les enseignants donnaient et corrigeaient les devoirs des élèves, la fréquence de leurs rencontres avec les parents d'élèves et le degré de soutien apporté par les inspecteurs (Zhang, 2006).

Une caractéristique intéressante des études SACMEQ a été l'utilisation des résultats pour comparer l'allocation des ressources et les tendances de la performance en compréhension de l'écrit au cours d'une période marquée par une augmentation rapide de la scolarisation dans la région. Les six systèmes d'éducation qui ont participé aux études SACMEQ I (1995) et SACMEQ II (2000) ont connu un accroissement global de l'allocation des ressources aux écoles entre les deux évaluations (Murimba, 2005a). Dans cinq des six pays, les scores nationaux moyens en littératie ont toutefois diminué (figure C.1.2), avec des différences statistiquement significatives uniquement au

FIGURE C.1.2

Évolution des performances en littératie entre les épreuves SACMEQ I et SACMEQ II

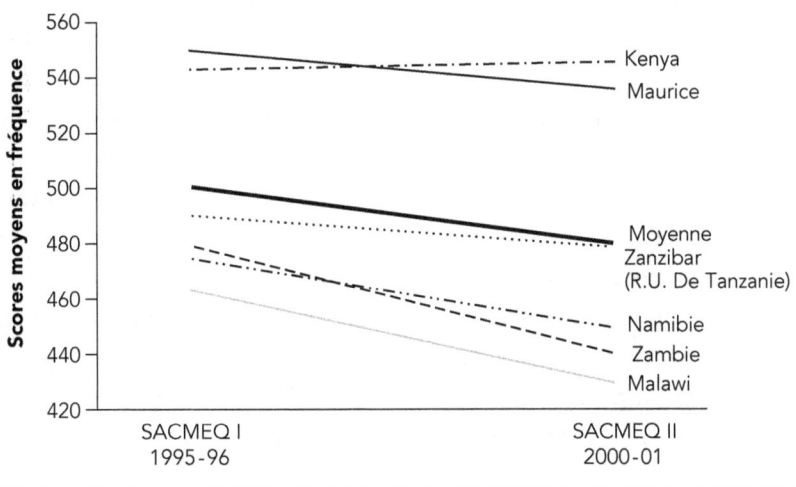

Source : UNESCO, 2004, figure 2.4. Reproduit avec autorisation.

Malawi, en Namibie et en Zambie. Dans l'ensemble, les scores ont baissé en moyenne de 4 % dans les six pays.

Chaque rapport national a émis une série de recommandations destinées aux décideurs politiques. Par exemple, le rapport tanzanien a recommandé que les autorités étudient les différences de scolarisation entre les sexes et identifient des options pour aider à combler l'écart entre eux (Mrutu, Ponera et Nkumbi, 2005). Cette action devait comprendre la fourniture de soins aux enfants orphelins pour soulager les filles de lourdes responsabilités domestiques afin qu'elles puissent aller à l'école.

Un certain nombre de pays ont également utilisé l'épreuve administrée aux élèves pour évaluer la maîtrise du sujet par les enseignants. En Tanzanie, moins de la moitié des enseignants ont atteint le plus haut niveau (niveau 8) en compréhension de l'écrit (46,1 %) ou en mathématiques (43,9 %).

Les résultats des épreuves SACMEQ ont été présentés dans les commissions présidentielles et nationales (au Zimbabwe et la Namibie), dans les examens de la politique de l'éducation par le Premier ministre et le gouvernement (à Zanzibar), dans les études sectorielles de l'éducation nationale (en Zambie) et dans les examens d'un schéma directeur national pour l'éducation (à Maurice).

Plusieurs pays ont considéré les résultats comme un signe de la nécessité d'établir des normes pour les ressources de l'éducation. Par exemple, le Kenya a fixé des critères pour l'équipement des classes (comme les bureaux et les livres par élève). Au Zimbabwe, des fonds spéciaux ont été mis à disposition pour les fournitures scolaires.

Les taux élevés d'abandon et faibles d'achèvement des études ont poussé le ministère de l'Éducation du Kenya à renforcer son secteur de l'enseignement non formel afin de prendre en charge ceux qui ne s'adaptent pas au système formel. Toujours au Kenya, les constatations de l'étude SACMEQ sur le genre, les disparités régionales et les inefficacités internes ont été utilisées pour guider l'élaboration de plans d'action pour la mise en œuvre de l'éducation pour tous aux niveaux national, provincial et des districts (Murimba, 2005a).

C.2. PROGRAMME D'ANALYSE DES SYSTÈMES ÉDUCATIFS DE LA CONFEMEN

Cadre

Le Programme d'analyse des systèmes éducatifs (PASEC) est mené sous les auspices de la Conférence des ministres de l'Éducation des États et gouvernements de la Francophonie (CONFEMEN, aussi appelée Conférence des ministres de l'Éducation des pays ayant le français en partage). Il a été lancé en 1991 lors d'une conférence des ministres francophones de l'Éducation à Djibouti, où la première étude a été réalisée en 1992.

Le PASEC a pour principal objectif d'éclairer la prise de décision en matière d'éducation et, plus spécifiquement, d'aborder d'importantes questions de politique nationale. Pour ce faire, il évalue la performance des élèves et tente d'identifier les facteurs clés ainsi que les coûts qui lui sont associés, afin d'établir une hiérarchie des interventions éducatives potentielles, sur la base de leur efficacité.

Le PASEC présente cinq caractéristiques notables. Premièrement, les propositions d'études des pays sont examinées lors d'une réunion des membres de la CONFEMEN, ce qui lui donne une dimension internationale. En cas d'approbation d'une proposition, le représentant du pays à la CONFEMEN est chargé de la mise en place, au sein du ministère de l'Éducation, d'un groupe interdisciplinaire d'experts qui sera responsable de la mise en œuvre (conception et administration des questionnaires, saisie et analyse des données, production des rapports). À la base, le PASEC n'est toutefois pas prévu pour comparer les performances des élèves entre les pays.

Deuxièmement, les élèves sont testés en début et en fin d'année scolaire. Cela signifie que dans les analyses, les caractéristiques des élèves à l'entrée peuvent être prises en compte pour obtenir une mesure de leurs progrès au cours de l'année scolaire.

Troisièmement, dans quatre pays (Guinée, Mali, Niger et Togo), des études ont été conçues autour d'un thème particulier. Par exemple, celui de la Guinée et du Togo était les politiques d'emploi des enseignants (y compris leur formation) introduites au Togo en 1983 et en Guinée en 1998 pour réduire l'embauche de plus d'enseignants tout en reconnaissant que ces mesures pouvaient affecter la qualité de l'enseignement.

Quatrièmement, à partir de 1995, les mêmes instruments ont été utilisés dans cinq pays (Burkina Faso, Cameroun, Côte d'Ivoire, Sénégal [1995-1996], et Madagascar [1997-1998]), permettant ainsi des comparaisons internationales.

Cinquièmement, dans deux pays (Côte d'Ivoire et Sénégal), des études longitudinales ont suivi, de 1995 à 2000, des groupes représentatifs d'élèves de leur 2e jusqu'à leur 6e année.

Instruments

Les épreuves (comportant des questions à choix multiples et à réponse construite) ont été conçues en français et en mathématiques sur la base d'éléments communs aux programmes de cours des pays francophones d'Afrique. Elles devaient être administrées au début et à la fin des 2e et 5e années. En plus des items basés sur la matière étudiée au cours de l'année, les épreuves de fin d'année en reprenaient certains utilisés en début d'année.

En 2e année, les épreuves de français évaluaient le vocabulaire écrit des élèves, la compréhension de phrases et de textes, et l'écriture.

En plus d'évaluer la compréhension, celles de 5ᵉ année portaient sur l'orthographe et certains aspects grammaticaux.

Les épreuves de mathématiques de 5ᵉ année comprenaient des items évaluant la connaissance des propriétés des nombres et l'aptitude à effectuer des calculs de base (addition et soustraction). Elles comportaient également des items nécessitant que les élèves utilisent l'addition, la soustraction, la multiplication et la division pour résoudre des problèmes, de même que des items portant sur les nombres décimaux et les fractions ainsi que sur les concepts géométriques de base.

À Maurice, une épreuve en arabe et, à Madagascar, une épreuve en malgache ont également été administrées. Au Cameroun, une traduction en anglais de l'épreuve de français a été administrée aux élèves anglophones.

Des questionnaires administrés aux élèves ont recueilli des données sur leurs caractéristiques personnelles (sexe, âge, nutrition et langue parlée) et leurs facteurs contextuels (niveau d'études des parents, disponibilité de livres à la maison et distance par rapport à l'école). Des questionnaires administrés aux enseignants portaient sur leurs caractéristiques personnelles (sexe, âge et niveau d'études ou formation) et sur l'environnement de leurs classes.

Les analyses ont tenté d'identifier les relations entre les facteurs contextuels et la performance des élèves. Une attention particulière a été accordée à la « croissance » ou « valeur ajoutée » au cours d'une année ainsi qu'à la contribution de facteurs purement scolaires, tels que le niveau de formation des enseignants, la taille des classes et la disponibilité de manuels scolaires, et de facteurs non scolaires, tels que le niveau d'études des parents, la distance par rapport à l'école et la langue parlée à la maison (Bernard, 1999 ; CONFEMEN, 1999 ; Kulpoo et Coustère, 1999).

Participants

À ce jour, 18 pays ont participé à des activités du PASEC : Bénin, Burkina Faso, Cameroun, Côte d'Ivoire, Djibouti, Gabon, Guinée, Madagascar, Mali, Mauritanie, Maurice, Niger, République centrafricaine, République démocratique du Congo, République du Congo, Sénégal, Tchad et Togo.

Quelques constatations

Les résultats indiquent de faibles niveaux de performance, comme en témoignent les scores obtenus aux épreuves de compréhension de l'écrit et de mathématiques (figure C.2.1). « Faible performance » correspondait à un score inférieur au 25e percentile.

Plusieurs analyses des données du PASEC ont été effectuées. Dans l'une d'elles, les données de cinq pays (Burkina Faso, Cameroun, Côte d'Ivoire, Madagascar et Sénégal) ont été utilisées dans un modèle linéaire hiérarchique pour évaluer les caractéristiques individuelles, des établissements et nationales, déterminant la performance des élèves de cinquième année en français et en mathématiques (Michaelowa, 2001). Certaines des constatations sont les suivantes :

Premièrement, la performance des élèves était liée à une variété de caractéristiques des élèves et des familles (notamment le niveau d'études des parents et l'usage du français à la maison). Deuxièmement, même si les élèves semblaient tirer un avantage du redoublement, celui-ci n'était que temporaire. Troisièmement, la formation, tant initiale que continue, des enseignants apparaissait comme un déterminant important de la performance des élèves. Quatrièmement, le nombre de jours d'absence des enseignants affectait négativement la performance des élèves. Cinquièmement, même s'ils étaient moins bien payés, les enseignants « volontaires » (employés par les parents d'élèves) étaient plus efficaces que les enseignants fonctionnaires.

Sixièmement, l'appartenance à un syndicat d'enseignants était significativement et négativement liée à la performance des élèves. Septièmement, la disponibilité de manuels scolaires avait un effet fortement positif sur les acquis des élèves. Huitièmement, la taille des classes (jusqu'à 62 élèves) était positivement liée à la performance. Neuvièmement, l'apprentissage dans des classes à années multiples avait un effet positif sur la performance. Dixièmement, les élèves des écoles visitées pendant l'année par un inspecteur avaient de meilleurs résultats que ceux des écoles qui ne l'étaient pas. Enfin, les élèves semblaient avoir de meilleures performances lorsque leur enseignant était du même sexe qu'eux.

FIGURE C.2.1

Pourcentage des élèves de 5ᵉ année ayant une faible performance, PASEC, 1996-2001

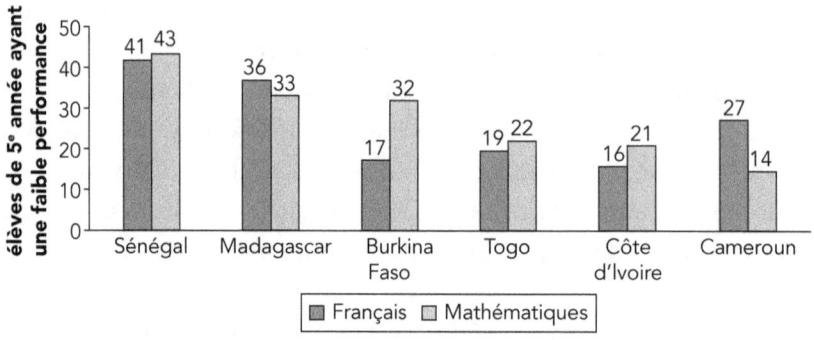

Source : UNESCO, 2004, Figure 3.32. Reproduit avec autorisation.
Note : L'évaluation a été effectuée au Burkina Faso, au Cameroun, en Côte d'Ivoire et au Sénégal en 1995/1996 ; à Madagascar en 1997/1998 ; et au Togo en 2000/2001. Les pays sont classés en fonction de la proportion des élèves peu performants en mathématiques. La « faible performance » en compréhension de l'écrit et en mathématiques est définie par un score inférieur au 25ᵉ percentile.

C.3. LABORATORIO LATINOAMERICANO DE EVALUACIÓN DE LA CALIDAD DE LA EDUCACIÓN

Cadre

La Première étude comparative internationale de langue et de mathématiques en Amérique latine a été réalisée par le *Laboratorio Latinoamericano de Evaluación de la Calidad de la Educación* (LLECE – le laboratoire latino-américain pour l'évaluation de la qualité de l'éducation). Ce réseau de systèmes éducatifs nationaux d'Amérique latine et des Caraïbes a été créé en 1994 et est coordonné par le Bureau régional de l'UNESCO pour l'Amérique latine et les Caraïbes.

Le but principal de l'étude était de fournir une information sur la performance des élèves et les facteurs associés, qui pourrait être utile à la formulation et à la mise en œuvre des politiques éducatives dans ces pays. Pour ce faire, elle a évalué les performances de populations du primaire pour répondre aux questions suivantes : Qu'apprennent les élèves ? À quels niveaux l'apprentissage a-t-il lieu ? Quelles compétences les élèves ont-ils acquises ? Quand l'apprentissage a-t-il lieu ? Dans quelles conditions l'apprentissage a-t-il lieu ? (Casassus et coll., 1998).

L'approche comparative a été considérée comme l'un des meilleurs moyens d'accroître la compréhension de la situation de l'éducation au sein des pays. La nécessité d'une étude internationale en Amérique latine provenait du fait que peu de pays de la région avaient participé à ce type d'études et que, lorsqu'ils l'avaient fait, les caractéristiques des programmes de cours propres à la région n'avaient pas été prises en compte.

Instruments

Des épreuves reflétant le contenu du programme de cours de chaque pays participant ont été mises au point en langue et en mathématiques. Elles comportaient des items à choix multiples et à réponse ouverte (en langue uniquement).

En langue, les composantes étaient la compréhension de l'écrit, la pratique métalinguistique et la production de texte en espagnol, sauf au Brésil où les élèves ont été évalués en portugais.

Les composantes pour les mathématiques étaient les nombres, les opérations sur les nombres naturels, les fractions, la géométrie et le système métrique.

Une information très complète a été recueillie dans les questionnaires (remplis par les élèves, les enseignants, les directeurs d'école et les parents ou tuteurs) sur les facteurs considérés comme susceptibles d'être associés à la performance des élèves (par exemple, la situation géographique et le type de l'établissement, le niveau d'études des parents ou tuteurs, et la perception des enseignants et des élèves de la disponibilité des ressources d'apprentissage dans l'établissement).

Participants

En 1997, 13 pays ont participé à une enquête : Argentine, Bolivie, Brésil, Chili, Colombie, Costa Rica, Cuba, Honduras, Mexique, Paraguay, Pérou, République bolivarienne du Venezuela et République dominicaine. Les données de 11 pays ont été intégrées dans le premier rapport de l'enquête.

Dans chaque pays, des échantillons d'environ 4 000 élèves de 3e année (8 et 9 ans) et 4e année (9 et 10 ans) ont été évalués.

Les « 20 % les plus âgés de la population totale » ont été exclus (Casassus et coll., 1998, 18).

Quelques constatations

Les résultats, classés par type d'établissement fréquenté (public ou privé) et situation géographique (villes de plus d'un million d'habitants, milieux urbain et rural), indiquaient que les niveaux de performance des élèves cubains, quelle que soit la situation géographique de l'établissement, dépassaient de loin ceux observés dans d'autres pays (tableaux C.3.1 et C.3.2). Plus de 90 % des élèves cubains avaient atteint le niveau de compétence le plus élevé (niveau III) en langue. À une exception près (écoles rurales), plus de 75 % l'atteignaient en mathématiques. Alors que 72 % des élèves des zones rurales de Cuba atteignaient le niveau III en mathématiques, moins de 10 % des élèves de ces régions y parvenaient dans la plupart des autres pays.

D'autres analyses des données LLECE ont porté sur la manière dont la relation entre le statut socioéconomique (basé sur le niveau d'études des parents) et la performance variait selon les pays (voir figure C.3.1). Les données indiquent que les gradients socioéconomiques différaient considérablement entre les pays, avec une relation plus prononcée en Argentine et au Brésil qu'à Cuba, où le niveau d'études des parents variait peu. Même si les élèves des écoles privées surpassaient ceux des écoles publiques, les différences entre les groupes n'étaient pas significatives lorsque le statut socioéconomique de l'élève était pris en compte (Sommet des Amériques, 2003).

Cuba présentait à la fois la plus faible variation dans le niveau d'études des parents et le plus haut niveau de performance des élèves. D'autres analyses ont révélé que, par rapport à d'autres pays, Cuba a généralement plus de garderies d'enfants, plus d'activités éducatives à la maison, de plus petites classes, plus d'enseignants qualifiés et moins de classes multigrades ou regroupées par aptitude (Willms et Somers, 2001). Dans une étude de suivi, les résultats LLECE ont été utilisés pour identifier les établissements présentant des résultats remarquables dans sept pays : Argentine, Bolivie, Chili, Colombie, Costa Rica, Cuba et République bolivarienne du Venezuela (LLECE, 2002).

TABLEAU C.3.1

Pourcentage des élèves ayant atteint les différents niveaux de performance en langue, par type d'établissement et situation géographique, LLECE, 1997

Pays	Public			Privé			Mégapole			Zone urbaine			Zone rurale		
	Niveau I	Niveau II	Niveau III	Niveau I	Niveau II	Niveau III	Niveau I	Niveau II	Niveau III	Niveau I	Niveau II	Niveau III	Niveau I	Niveau II	Niveau III
Argentine	95	77	57	99	93	78	96	85	72	96	79	59	88	62	42
Bolivie	87	55	30	91	70	46	90	66	39	87	58	35	77	40	24
Brésil	95	80	54	98	93	72	96	88	62	95	82	58	84	62	38
Chili	93	71	49	97	86	67	94	76	53	95	79	60	89	63	41
Colombie	89	59	35	97	81	56	96	79	53	89	60	36	89	57	33
Cuba	100	98	92	s.o.	s.o.	s.o.	100	99	93	100	98	92	100	98	92
Rép. dominicaine	77	52	30	83	64	42	84	65	42	73	44	25	73	39	20
Honduras	87	55	29	94	73	44	92	67	38	87	55	29	78	35	17
Mexique	89	58	38	96	84	65	94	70	50	89	64	43	82	48	30
Paraguay	88	60	37	93	75	54	s.o.	s.o.	s.o.	90	67	44	81	51	32
Pérou	86	55	29	94	78	54	92	70	43	85	57	34	71	30	13
Venezuela, R. boliv. du	88	59	38	91	70	49	91	68	48	88	60	38	84	58	39

Source : UNESCO, 2001, tableau 8.
Remarque : s.o. = sans objet.

TABLEAU C.3.2

Pourcentage des élèves ayant atteint chaque niveau de performance en mathématiques, par type d'établissement et situation géographique, LLECE, 1997

Pays	Public			Privé			Mégapole			Zone urbaine			Zone rurale		
	Niveau I	Niveau II	Niveau III	Niveau I	Niveau II	Niveau III	Niveau I	Niveau II	Niveau III	Niveau I	Niveau II	Niveau III	Niveau I	Niveau II	Niveau III
Argentine	96	54	12	98	71	23	98	70	26	96	54	11	94	43	6
Bolivie	93	43	9	96	59	18	95	49	12	94	51	14	89	36	8
Brésil	93	52	12	97	67	26	96	58	17	94	55	15	84	40	7
Chili	92	46	7	97	57	15	94	49	10	95	52	12	87	38	6
Colombie	93	42	5	97	55	10	97	53	8	93	43	6	92	50	12
Cuba	100	92	79	s.o.	s.o.	s.o.	100	95	82	99	90	76	99	50	72
Rép. dominicaine	82	37	4	86	43	7	86	42	6	81	36	4	79	38	7
Honduras	84	36	7	93	39	5	87	35	3	86	39	8	78	23	13
Mexique	94	55	10	98	69	20	97	62	13	94	58	13	90	46	10
Paraguay	87	29	2	90	49	12	s.o.	s.o.	s.o.	88	42	9	82	34	8
Pérou	87	29	2	94	54	11	88	43	8	89	33	4	78	23	2
Venezuela, R. boliv. du	76	25	2	76	33	5	75	26	3	77	27	3	68	22	2

Source : UNESCO, 2001, tableau 8.
Remarque : s.o. = sans objet.

FIGURE C.3.1

Gradients socioéconomiques pour 11 pays d'Amérique latine, LLECE

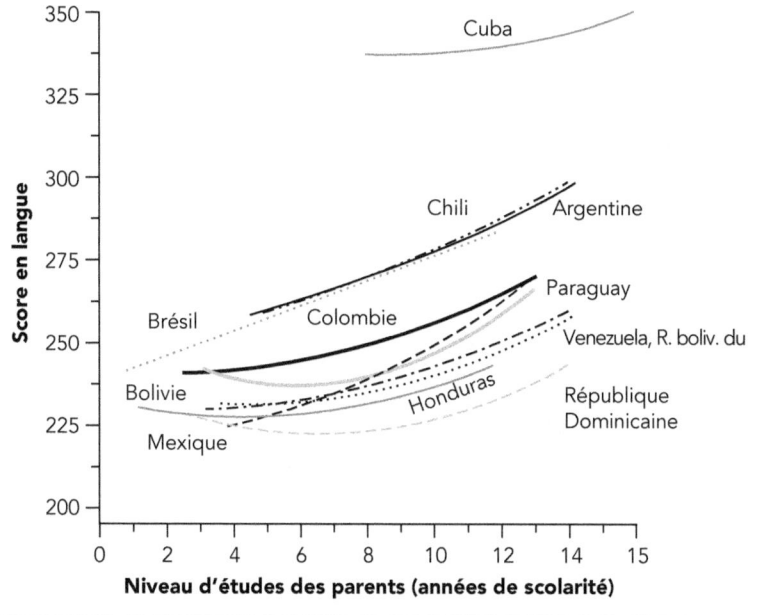

Source : Willms et Somers, 2005.

En dépit de cette variété d'analyses, le Groupe de travail sur la réforme de l'éducation en Amérique centrale (2000, 19) a noté dans son rapport intitulé *Tomorrow Is Too Late* que

> « ... dans presque tous les cas, il n'existe pas de politique claire dictant la manière dont les résultats de l'évaluation peuvent et doivent être utilisés. Les tests de performance scolaire n'ont pas encore été intégrés aux politiques de redevabilité demandées par différents groupes. Il n'y a eu aucun débat sur le type de décisions qui pourraient être fondées sur ces résultats, et il y a peu de consensus sur la valeur intrinsèque de l'évaluation de la performance des élèves. Ces programmes sont, par conséquent, particulièrement vulnérables aux changements au sein du gouvernement et même des cadres supérieurs du ministère. »

RÉFÉRENCES

Arregui, P. et C. McLauchlan. 2005. « Utilization of Large-Scale Assessment Results in Latin America. » Document inédit préparé pour le Partnership for Educational Revitalization in the Americas et l'Institut de la Banque mondiale.

Banque mondiale. 2004. *Vietnam: Reading and Mathematics Assessment Study*. Vols. 1–3. Washington, DC : Banque mondiale.

———. 2007. EdStats database. http://www1.worldbank.org/education/edstats/.

Beaton, A. E., T. N. Postlethwaite, K. N. Ross, D. Spearritt et R. M. Wolf. 1999. *The Benefits and Limitations of International Educational Achievement Studies*. Paris : UNESCO Institut international de planification de l'éducation.

Benveniste, L. 2000. « Student Assessment as a Political Construction: The Case of Uruguay. » *Education Policy Analysis Archives* 8 (32) : 1–41.

———. 2002. « The Political Structuration of Assessment: Negotiating State Power and Legitimacy. » *Comparative Education Review* 46 : 89–118.

Bernard, J.-M. 1999. « Les Enseignants du Primaire dans Cinq Pays du Programme d'Analyse des Systèmes Educatifs de la CONFEMEN: Le Rôle du Maître dans le Processus d'Acquisition des Elèves. » Rapport du Groupe de travail sur la profession enseignante, Section Francophone de l'Association pour le développement de l'éducation en Afrique (ADEA). Paris : ADEA.

Bhoutan, Conseil des examens, Ministère de l'éducation. 2004. *National Educational Assessment in Bhutan: A Benchmark of Student Achievement in*

Literacy and Numeracy at Class 6, 2003. Thimphou, Bhoutan : Ministère de l'éducation.

Braun, H. et A. Kanjee. 2007. « Using Assessment to Improve Education in Developing Countries. » Dans *Educating All Children: A Global Agenda*, J. E. Cohen, D. E. Bloom et M. B. Malin (dir.), 303–53. Cambridge, MA : MIT Press.

Campbell, J. R., D. L Kelly, I. V. S. Mullis, M. O. Martin et M. Sainsbury. 2001. *Framework and Specifications for PIRLS Assessment 2001.* 2ème éd. Chestnut Hill, MA : Boston College.

Casassus, J., J. E. Froemel, J. C. Palafox et S. Cusato. 1998. *First International Comparative Study of Language, Mathematics, and Associated Factors in Third and Fourth Grades.* Santiago, Chili : El Laboratorio Latinoamericano de Evaluación de la Calidad de la Educación.

Centre américain des données statistiques en éducation. 2005. *National Assessment of Educational Progress: The Nation's Report Card, Reading 2005.* Washington, DC : Centre américain des données statistiques en éducation.

———. 2006. « NAEP Overview. » Centre américain des données statistiques en éducation, Washington, DC. http://nces.ed.gov/nationsreportcard/about/.

———. n.d. « Comparing NAEP, TIMSS, and PISA in Mathematics and Science. » Centre américain des données statistiques en éducation, Washington, DC. http://nces.ed.gov/timss/pdf/naep_timss_pisa_comp.pdf.

Chinapah, V. 1997. *Handbook on Monitoring Learning Achievement: Towards Capacity Building.* Paris : Organisation des Nations unies pour l'éducation, la science et la culture.

Clarke, M. 2005. *NAPE Technical Analysis and Recommendations.* Kampala : Uganda National Examinations Board.

CONFEMEN (Conférence des ministres de l'Éducation des États et gouvernements de la Francophonie). 1999. *Les facteurs de l'efficacité dans l'enseignement primaire : Les résultats du programme PASEC sur neuf pays d'Afrique et de l'océan Indien.* Dakar : CONFEMEN.

Coulombe, S., J.-F. Tremblay et S. Marchand. 2004. *International Adult Literacy Survey: Literacy Scores, Human Capital, and Growth across Fourteen OECD Countries.* Ottawa : Statistique Canada.

Crespo, M., J. F. Soares et A. de Mello e Souza. 2000. « The Brazilian National Evaluation System of Basic Education: Context, Process, and Impact. » *Studies in Educational Evaluation* 26 : 105–25.

Déclaration mondiale sur l'éducation pour tous. 1990. Adoptée par la Conférence mondiale sur l'éducation pour tous, Répondre aux besoins éducatifs fondamentaux, Jomtien, Thaïlande, 5–9 mars. New York : Organisation des Nations unies pour l'éducation, la science et la culture. http://www.unesco.org/education/information/ nfsunesco/pdf /JOMTIE_E.PDF.

Delannoy, F. 2000. *Education Reforms in Chile 1980–98: A Lesson in Pragmatism*. Washington, DC : Banque mondiale.

Eivers, E., G. Shiel, R. Perkins et J. Cosgrove. 2005. *The 2004 National Assessment of English Reading*. Dublin : Educational Research Centre.

Elley, W. B. 1992. *How in the World Do Students Read? IEA Study of Reading Literacy*. La Haye, Pays Bas : Association internationale pour l'évaluation du rendement scolaire.

———, dir. 1994. *The IEA Study of Reading Literacy: Achievement and Instruction in Thirty-Two School Systems*. Oxford, Royaume-Uni : Pergamon.

———. 2005. « How TIMSS-R Contributed to Education in Eighteen Developing Countries. » *Perspectives* 35 (2): 199–212.

Ethiopia, National Organisation for Examinations. 2005. *Second National Learning Assessment of Ethiopia*. Addis-Abeba : National Organisation for Examinations.

Ferrer, G. 2006. *Educational Assessment Systems in Latin America: Current Practice and Future Challenges*. Washington, DC : Partnership for Educational Revitalization in the Americas.

Ghana, ministère de l'Éducation, de la Jeunesse et des Sports. 2004. *Results from Ghanaian Junior Secondary 2 Students' Participation in TIMSS 2003 in Mathematics and Science*. Accra : ministère de l'Éducation, de la Jeunesse et des Sports.

Greaney, V. et T. Kellaghan. 1996. *Monitoring the Learning Outcomes of Education Systems*. Washington, DC : Banque mondiale.

Hanushek, E. A et D. D. Kimko. 2000. « Schooling, Labor-Force Quality, and the Growth of Nations. » *American Economic Review* 90 (5) : 1184–208.

Hanushek, E. A. et L. Wössmann. 2007. *Education Quality and Economic Growth*. Washington, DC: Banque mondiale.

Himmel, E. 1996. « National Assessment in Chile. » Dans *National Assessments: Testing the System*, P. Murphy, V. Greaney, M. E. Lockheed et C. Rojas (dir.), 111–28. Washington, DC : Banque mondiale.

———. 1997. « Impacto Social de los Sistemas de Evaluación del Rendimiento Escolar: El Caso de Chile. » Dans *Evaluación y reforma educativa: Opciones de política*, B. Álvarez H. et M. Ruiz-Casares (dir.), 125–57. Washington, DC : ABEL/PREAL/ Agence des États-Unis pour le développement international.

Horn, R., L. Wolff et E. Velez. 1992. « Educational Assessment Systems in Latin America: A Review of Issues and Recent Experience. » *Major Project of Education in Latin America and the Caribbean Bulletin* 27 : 7–27.

Howie, S. 2000. « TIMSS-R in South Africa: A Developing Country Perspective. » Document présenté lors la réunion annuelle de l'American Educational Research Association, Nouvelle-Orléans, 24–28 avril.

———. 2002. « English Proficiency and Contextual Factors Influencing Mathematics Achievement of Secondary School Pupils in South Africa. » Thèse de doctorat, Université de Twente, Pays-Bas.

Howie, S. et C. Hughes. 2000. « South Africa. » Dans *The Impact of TIMSS on the Teaching and Learning of Mathematics and Science*, D. Robitaille, A. Beaton et T. Plomp (dir.), 139–45. Vancouver, Colombie-Britannique : Pacific Educational Press.

Hoxby, C. E. 2002. « The Cost of Accountability. » Document de travail 8855, National Board of Economic Research, Cambridge, MA.

Husén, T. 1973. « Foreword. » Dans *Science Achievement in Nineteen Countries*, L. C. Comber et J. P. Keeves (dir.), 13–24. New York : Wiley.

Husén, T. et T. N. Postlethwaite. 1996. « A Brief History of the International Association for the Evaluation of Educational Achievement (IEA). » *Assessment in Education* 3 (2) : 129–41.

IEA Association internationale pour l'évaluation du rendement scolaire (*International Association for the Evaluation of Educational* Achievement). 2000. *Framework and Specifications for PIRLS Assessment 2001*. Chestnut Hill, MA : International Study Center, Boston College.

IIEP (International Institute for Educational Planning). 2007. « Southern and Eastern Africa Consortium for Monitoring Educational Quality. » IIPE, Paris. http://www.unesco.org/iiep/eng/networks/sacmeq/sacmeq.htm.

Ilon, L. 1996. « Considerations for Costing National Assessments. » Dans *National Assessment: Testing the System*, P. Murphy, V. Greaney, M. E. Lockheed et C. Rojas (dir.), 69–88. Washington, DC : Banque mondiale.

Inde, National Council of Educational Research and Training, Department of Educational Measurement and Evaluation. 2003. *Learning Achievement of Students at the End of Class V*. New Delhi : Department of Educational Measurement and Evaluation.

Ishino, T. 1995. « Japan. » Dans *Performance Standards in Education: In Search of Quality*, 149-61. Paris : OCDE.

Johnson, E. G. 1992. « The Design of the National Assessment of Educational Progress. » *Journal of Educational Measurement* 29 (2) : 95-110.

Jones, L. V. 2003. « National Assessment in the United States: The Evolution of a Nation's Report Card. » Dans *International Handbook of Educational Evaluation*, T. Kellaghan et D. L. Stufflebeam (dir.), 883-904. Dordrecht, Pays-Bas : Kluwer Academic.

Kanjee, A. 2006. « The State of National Assessments of Learner Achievement. » Document inédit préparé pour le Human Sciences Research Council, Pretoria, Afrique du Sud.

Keeves, J. P. 1995. « The Contribution of IEA Research to Australian Education. » Dans *Reflections on Educational Achievement: Papers in Honour of T. Neville Postlethwaite*, W. Bos et R. H. Lehmann (dir.), 137-58. New York : Waxman.

Kellaghan, T. 1996. « IEA Studies and Educational Policy. » *Assessment in Education* 3 (2) : 143-60.

———. 1997. « Seguimiento de los resultados educativos nacionales. » Dans *Evaluación y reforma educativa: Opciones de política*, B. Álvarez H. et M. Ruiz-Casares (dir.), 23-65. Washington, DC : ABEL/PREAL/Agence des États-Unis pour le développement international.

———. 2003. « Local, National and International Levels of System Evaluation: Introduction. » Dans *International Handbook of Educational Evaluation*, T. Kellaghan et D. L. Stufflebeam (dir.), 873-82. Dordrecht, Pays-Bas : Kluwer Academic.

———. 2006. « What Monitoring Mechanisms Can Be Used for CrossNational (and National) Studies ? » Dans *Cross-National Studies of the Quality of Education : Planning Their Design and Managing Their Impact*, K. N. Ross et I. J. Genevois (dir.), 51-55. Paris : Institut international de planification de l'éducation.

Kellaghan, T. et V. Greaney. 2001a. « The Globalisation of Assessment in the 20th Century. » *Assessment in Education* 8 (1) : 87-102.

———. 2001b. *Using Assessment to Improve the Quality of Education*. Paris : Institut international de planification de l'éducation.

———. 2004. *Assessing Student Learning in Africa*. Washington, DC : Banque mondiale.

Khaniya, T. et J. H. Williams. 2004. « Necessary but Not Sufficient : Challenges to (Implicit) Theories of Educational Change—Reform in Nepal's Education System. » *International Journal of Educational Development* 24 (3) : 315–28.

Kirsch, I. 2001. *The International Adult Literacy Study (IALS) : Understanding What Was Measured*. Princeton, NJ : Educational Testing Service.

Kulpoo, D. et P. Coustère. 1999. « Developing National Capacities for Assessment and Monitoring through Effective Partnerships. » Dans *Partnerships for Capacity Building and Quality Improvements in Education: documents issus de la réunion biannuelle de l'ADEA en 1997, Dakar*. Paris : Association pour le développement de l'éducation en Afrique.

Lesotho, Examinations Council of Lesotho and National Curriculum Development Centre. 2006. *Lesotho: National Assessment of Educational Progress, 2004*. Maseru : Examinations Council of Lesotho and National Curriculum Development Centre.

LLECE (Latin American Laboratory for Evaluation of the Quality of Education). 2002. *Qualitative Study of Schools with Outstanding Results in Seven Latin American Countries*. Santiago : LLECE.

Lockheed, M. E. et A. Harris. 2005. « Beneath Education Production Functions: The Case of Primary Education in Jamaica. » *Peabody Journal of Education* 80 (1) : 6–28.

Makuwa, D. 2005. *The SACMEQ II Project in Namibia: A Study of the Conditions of Schooling and Quality of Education*. Harare : Consortium d'Afrique australe et orientale pour le pilotage de la qualité de l'éducation.

McMeekin, R. W. 2000. *Implementing School-Based Merit Awards: Chile's Experiences*. Washington, DC : Banque mondiale.

Michaelowa, K. 2001. « Primary Education Quality in Francophone SubSaharan Africa : Determinants of Learning Achievement and Efficiency Considerations. » *World Development* 29 (10) : 1699–716.

Ministère de l'Éducation du Connecticut. 2006. « State Releases Connecticut Mastery Test Results. » Nouvelles, 9 août. http://www.sde.ct.gov/sde/lib/sde/PDF/PressRoom/2006cmtresults.pdf.

Mrutu, A., G. Ponera et E. Nkumbi. 2005. *The SACMEQ II Project in Tanzania: A Study of the Conditions of Schooling and the Quality of Education*. Harare : Consortium d'Afrique australe et orientale pour le pilotage de la qualité de l'éducation.

Mullis, I. V. S., A. M. Kennedy, M. O. Martin et M. Sainsbury. 2006. *PIRLS 2006 : Assessment Framework and Specifications*. Chestnut Hill, MA : International Study Center, Boston College.

Mullis, I. V. S., M. O. Martin, E. J. Gonzalez et S. J. Chrostowski. 2004. *TIMSS 2003 International Mathematics Report : Findings from IEA's Trends in International Mathematics and Science Study at the Fourth and Eighth Grades.* Chestnut Hill, MA : International Study Center, Boston College.

Mullis, I. V. S., M. O. Martin, E. J. Gonzalez et A. M. Kennedy. 2003. *PIRLS 2001 International Report: IEA's Study of Reading Literacy Achievement in Primary Schools.* Chestnut Hill, MA : International Study Center, Boston College.

Mullis, I. V. S., M. O. Martin, G. J. Ruddock, C. Y. O'Sullivan, A. Arora et E. Erberber. 2005. *TIMSS 2007 Assessment Frameworks.* Chestnut Hill, MA : International Study Center, Boston College.

Murimba, S. 2005a. « The Impact of the Southern and Eastern Africa Consortium for Monitoring Educational Quality (SACMEQ). » *Perspectives* 35 (1) : 91–108.

———. 2005b. « The Southern and Eastern Africa Consortium for Monitoring Educational Quality (SACMEQ): Mission Approach and Projects. » *Perspectives* 35 (1) : 75–89.

Nassor, S. et K. A. Mohammed. 1998. *The Quality of Education: Some Policy Suggestions Based on a Survey of Schools—Zanzibar.* SACMEQ Policy Research 4, International Institute for Educational Planning, Paris.

Naumann, J. 2005. « TIMSS, PISA, PIRLS, and Low Educational Achievement in World Society. » *Perspectives* 35 (2) : 229–48.

OCDE (Organisation de coopération et de développement économiques). 2001. *Outcomes of Learning: Results from the 2000 Program for International Student Assessment of 15-Year-Olds in Reading, Mathematics, and Science Literacy.* Paris : OCDE. http://nces.ed.gov/pubs 2002/2002115.pdf.

———. 2003. *The PISA 2003 Assessment Framework: Reading, Mathematics, Science and Problem Solving Knowledge and Skills.* Paris : OCDE.

———. 2004a. *First Results from PISA 2003: Executive Summary.* Paris : OCDE. http://www.oecd.org/dataoecd/1/63/34002454.pdf

———. 2004b. *Learning for Tomorrow's World: First Results from PISA 2003.* Paris : OCDE.

———. 2007. « Sample Questions: PISA Mathematics with Marking Guide. » OCDE, Paris. http://pisa-sq.acer.edu.au.

OCDE (Organisation de coopération et de développement économiques) et Institut de statistique de l'Unesco (Organisation des Nations unies pour l'éducation, la science et la culture). 2003. *Literacy Skills for the World of*

Tomorrow: Further Results from PISA 2000. Paris et Montréal : OCDE et Institut de statistique de l'Unesco.

Olivares, J. 1996. « Sistema de Medición de la Calidad de la Educación de Chile : SIMCE, Algunos Problemas de la Medición. » *Revista Iberoamericana de Educación* 10. http://www.rieoei.org/oeivirt/rie10a07.htm.

Passos, A., T. Nahara, F. Magaia et C. Lauchande. 2005. *The SACMEQ II Project in Mozambique: A Study of the Conditions of Schooling and the Quality of Education*. Harare : Consortium d'Afrique australe et orientale pour le pilotage de la qualité de l'éducation.

Perera, L., S. Wijetunge, W. A. de Silva et A. A. Navaratne. 2004. *Achievement after Four Years of Schooling. National Assessment of Achievement of Grade Four Pupils in Sri Lanka : National Report*. Colombo : National Education Research and Evaluation Centre, Université de Colombo.

Postlethwaite, T. N. 2004. « What Do International Assessment Studies Tell Us about the Quality of School Systems? » Document d'information pour *Education for All Global Monitoring Report 2005*, Organisation des Nations unies pour l'éducation, la science et la culture, Paris.

Prakash, V., S. K. S. Gautam et I. K. Bansal. 2000. *Student Achievement under MAS : Appraisal in Phase-II States*. New Delhi : National Council of Educational Research and Training.

Ramirez, F. O., X. Luo, E. Schofer et J. W. Meyer. 2006. « Student Achievement and National Economic Growth. » *American Journal of Education* 113 (1) : 1–29.

Ravela, P. 2005. « A Formative Approach to National Assessments: The Case of Uruguay. » *Perspectives* 35 (1) : 21–43.

Reddy, V. 2005. « Cross-National Achievement Studies : Learning from South Africa's Participation in the Trends in International Mathematics and Science Study. » *Compare* 35 (1) : 63–77.

———. 2006. *Mathematics and Science Achievement at South African Schools in TIMSS 2003*. Capetown, Afrique du Sud: Human Sciences Research Council Press.

Robitaille, D. F., A. E. Beaton et T. Plomp (dir.). 2000. *The Impact of TIMSS on the Teaching and Learning of Mathematics and Science*. Vancouver, Colombie-Britannique : Pacific Educational Press.

Rojas, C. et J. M. Esquivel. 1998. « Los Sistemas de Medición del Logro Academico en Latino América. » LCSHD Paper 25, Washington, DC : Banque mondiale.

Ross, K. 1987. « Sample Design. » *International Journal of Educational Research* 11 (1) : 57–75.

Ross, K. et T. N. Postlethwaite. 1991. *Indicators of the Quality of Education: A Study of Zimbabwean Primary Schools.* Harare : ministère de l'Éducation et de la Culture ; Paris : Institut international de planification de l'éducation.

Shabalala, J. 2005. *The SACMEQ II Project in Swaziland: A Study of the Conditions of Schooling and the Quality of Education.* Harare : Consortium d'Afrique australe et orientale pour le pilotage de la qualité de l'éducation.

Shukla, S., V. P. Garg, V. K. Jain, S. Rajput et O. P. Arora. 1994. *Attainments of Primary School Children in Various States.* New Delhi : National Council of Educational Research and Training.

Sofroniou, N. et T. Kellaghan. 2004. « The Utility of Third International Mathematics and Science Study Scales in Predicting Students' State Examination Performance. » *Journal of Educational Measurement* 41 (4) : 311–29.

Štraus, M. 2005. « International Comparisons of Student Achievement as Indicators for Educational Policy in Slovenia. » *Perspectives* 35 (2) : 187–98.

Sommet des Amériques. 2003. *Regional Report : Achieving the Educational Goals.* Santiago : Ministère de l'éducation, Chili ; Paris : Organisation des Nations unies pour l'éducation, la science et la culture.

Task Force on Education Reform in Central America. 2000. *Tomorrow Is Too Late.* http://thedialogue.org/publications/preal/tomorrow.pdf.

UNEB (Uganda National Examinations Board). 2006. *The Achievements of Primary School Pupils in Uganda in English Literacy and Numeracy.* Kampala : UNEB.

UNESCO (Organisation des Nations unies pour l'éducation, la science et la culture). 1990. *Final Report of the World Congress on Education for All: Meeting Basic Learning Needs, Jomtien, Thailand.* Paris : UNESCO.

———. 2000. *The Dakar Framework for Action—Education for All: Meeting Our Collective Commitments.* Paris : UNESCO.

———. 2001. *Technical Report of the First International Comparative Study.* Santiago : Regional Office for Latin America and the Caribbean.

———. 2002. *EFA Global Monitoring Report 2002: Is the World on Track?* Paris : UNESCO.

———. 2004. *EFA Global Monitoring Report 2005: The Quality Imperative.* Paris : UNESCO.

www.ingramcontent.com/pod-product-compliance
Lightning Source LLC
Chambersburg PA
CBHW060315240426
43661CB00059B/2766